INHALT

EINFÜHRUNG

Im allgemeinen lachen die Menschen über die Schwächen ihrer Zeitgenossen; man lacht über die geizigen Schotten, über die einsilbigen Engländer, über die geschwätzigen Italiener, über die blasierten Neureichen, über die armen Stotterer, über die tierisch-ernsten Bürokraten usw.

Der Jude hingegen lacht in erster Linie über sich selbst, über sein Schicksal, das ihn zwei Jahrtausende lang der Willkür fremder Herrscher auslieferte, die ihm mit immer neuen Schikanen das Leben verbitterten. Er lachte über die Armut, die nicht selten sein Los war, bedingt durch das ständige Wandern und die Einschränkungen, die ihm in der Ausübung eines Handwerks oder Berufs auferlegt wurden. Er machte sich über diejenigen unter seinen Glaubensbrüdern lustig, die der hebräischen Sprache nicht mächtig waren und denen beim Lesen in der Bibel und im Gebetbuch gravierende Fehler unterliefen. Der Jude erfand sogar seine eigenen »Ostfriesen« in Form eines Städtchens in Polen: In »Chelm« waren die Einwohner – vom Gemeindevorsteher bis zum Wasserträger – richtige Narren, auf deren Kosten man sich lustig machen konnte. Daß man eine Stadt erfinden mußte, deren Einwohner die Rolle der Naiven unter den Juden übernehmen sollten, zeugt für die Seltenheit jüdischer Narren ...

Der jüdische Witz zeichnet sich durch die scharfsinnige Pointe aus, die zumeist völlig unerwartet aufblitzt, wie auch durch die tragikomische Situation, die er zum Thema hat und die bewußt übertrieben und ad absurdum geführt wird. Er hat oft einen bitteren Beigeschmack, weil er häufig auf Selbstmitleid aufgebaut ist. Indessen hat der jüdische Witz stets eine therapeutische Wirkung gehabt: Er zieht das Leid und die Spannung ins Lächerliche – so werden sie erträglicher. Er macht die Peiniger zu lächerlichen Figuren und macht sich über Hunger und Elend lustig, womit er ihnen die Schärfe nimmt.

Der Jude hat die Gabe, sich sofort auf neue Situationen einzustellen und sie humorvoll zu kommentieren. So entstand in den ersten Jahren des Naziregimes eine Flut von jüdischen Anti-Naziwitzen, die die neuen Herrscher und ihre Rassengesetze ins Lächerliche zogen und so zur einzig möglichen Form des Widerstandes gegen die brutale Diktatur wurden. Gleiches geschah in Rußland, als die Kommunisten dort die Macht übernahmen und den Juden mit brutaler Gewalt die Ausübung ihrer Religion und Kultur verboten. So entstand auf der einen Seite der jüdische anti-braune, auf der anderen Seite der anti-rote Witz – beide griffen mit bissiger Ironie die totalitären Regime an, wenn auch nur in verbaler Form und hinter geschlossenen Türen.

Der Wiederaufbau des Heiligen Landes und die Entstehung eines souveränen jüdischen Staates nach 1900 Jahren Diaspora öffneten dem jüdischen Humor neue Horizonte und gaben ihm eine Fülle von neuen Impulsen. Es entstand der spezifisch israelische Witz, der die völlig neue Situation meisterhaft zu kommentieren verstand. Der israelische Humor fand seine Opfer in den neuen Immigranten und in ihren Integrationsschwierigkeiten, in der jungen, aber bereits sehr fortgeschrittenen Bürokratie der israelischen Regierungsämter, wie auch in den vorlauten, mit ihrem Geld protzenden amerikanischen Touristen. Jede Phase in der Entwicklung des jungen Staates Israel fand im israelischen Witz ihren treffenden Niederschlag. So wurde die Lebensmittelrationierung durch die Regierung in den Jahren 1949-52 bitter kommentiert. Sie war wegen der Masseneinwanderung der nordafrikanischen Juden und der dadurch entstandenen Lebensmittelknappheit eingeführt worden; so wurde andererseits der unglaublich schnelle und überwältigende Sieg der israelischen Armee über die Soldaten des prahlerischen ägyptischen Staatspräsidenten Gamal Abdel Nasser im Sechs-Tage-Krieg 1967 mit einer Flut von ironischen Witzen belegt, die sogar in Buchform erschienen. So konzentrierte sich der israelische Humor in den 80er Jahren auf die galoppierende Inflation, die dem Staat Israel endlich einen Weltrekord einbrachte – 220 Prozent –, den Israel vergeblich auf sportlichem Gebiet gesucht hatte…

Parallel zu Israel hatte sich inzwischen auch in den Vereinigten Staaten Amerikas ein spezifisch jüdisch-amerikanischer Humor entwickelt. Der machte sich über die sprachlichen Schwierigkeiten lustig, mit denen die meist aus Osteuropa eingewanderten jiddisch sprechenden Juden konfrontiert wurden, und auch über die Bemühungen dieser Neueinwanderer, von der etablierten amerikanischen Gesellschaft akzeptiert zu werden.

Somit haben Israel und Amerika heutzutage den Platz eingenommen, der jahrhundertelang die jüdischen Massen in Europa mit saftig prickelndem, unübertrefflich scharfsinnigem Humor bereicherte.

Gegen Narrheit
besitzen wir
kein Mittel.
(Talmud)

1. Humor in der Bibel und im Talmud

Zum ersten Mal wird das Lachen in der Bibel erwähnt, als der Ewige dem Abraham prophezeit, er – der Neunundneunzigjährige – werde einen Sohn zeugen. »Da fiel Abraham auf sein Gesicht nieder und lachte. Er dachte: Können einem Hundertjährigen noch Kinder geboren werden, und kann Sarah als Neunzigjährige gebären?« (Genesis 17,17). Ähnlich lachte auch Sarah, als sie vom Engel die gleiche Ankündigung bekam (Genesis 18,12): »Da lachte Sarah still in sich hinein und dachte: Ich bin doch schon alt und verbraucht und soll noch das Glück des Gebärens erfahren?« Das soll wohl ein Witz sein!

Das Lachen scheint in der Familie Abrahams eine häufige Reaktion gewesen zu sein; denn als Lot, der Neffe Abrahams, seine Schwiegersöhne anfleht, Sodom eiligst zu verlassen, weil der Ewige im Begriff sei, die Stadt zu vernichten, da heißt es (Genesis 19,14): »Aber seine Schwiegersöhne meinten, er mache nur Spaß.« Anscheinend waren sie bei Lot an Späße gewöhnt ...

Daß die Bibel – d.h. der Allmächtige – nichts dagegen hat, daß der Mensch gelegentlich lache, geht deutlich aus dem Buch Ecclesiastes hervor, wo es heißt (Kap. 3,4): »Es gibt eine Zeit zum Weinen und eine zum Lachen.«

Der Talmud spricht von den »Tränen, die durch Lachen entstehen« (Sabbath 151b). Den therapeutischen Wert des Humors hat der Talmud klar erkannt, wie es aus folgender talmudischer Legende hervorgeht (Taanit 22a):

Rabbi Seroka ging oft auf den Marktplatz der Stadt Be-Lapat (in Chusistan), wo ihm der Prophet Elia zu erscheinen pflegte.

Während eines dieser Treffen gingen zwei Männer an dem Propheten und dem Rabbi vorbei. Da sagte der Prophet zum Rabbi:

»Diese beiden kommen dereinst in den Himmel.«

Kurz darauf fragte Rabbi Seroka die beiden: »Was ist euer Beruf?«

Sie antworteten: »Wir sind Spaßmacher. Wenn wir einem Menschen begegnen, der bedrückten Gemütes ist, heitern wir ihn auf.«

Ein weiteres Beispiel aus dem Talmud (Sanhedrin 39a): Ein heidnischer Philosoph sagte einst zu Rabbi Gamliel:

»Euer Gott ist ein Dieb, denn eure Bibel berichtet, daß Gott einen tiefen Schlaf auf den Adam fallen ließ, und dann stahl er ihm eine Rippe und bildete davon die Eva!«

Da sprach die Tochter des Rabbi Gamliel zu ihrem Vater:

»Erlaube mir, daß ich ihm antworte.« Der Vater erlaubte es, und sie sprach nun zum Philosophen: »Zunächst bringe man mir einen Kriminalrichter, denn ich habe auch einen Diebstahl zu melden: Diese Nacht stieg nämlich ein Dieb bei uns ein, stahl einen silbernen Becher und legte dafür einen goldenen hin.«

»Solche Diebe«, sagte der Philosoph, »müßtet ihr euch alle Tage wünschen!«

»Doch das gleiche«, erwiderte die Tochter des Rabbi Gamliel, »ist dem Adam auch widerfahren; denn statt der Rippe, die ihm Gott wegnahm, gab Er ihm eine Lebensgefährtin, die ihm zur Seite steht!«

Ein Mann aus Athen kam nach Jerusalem und traf dort ein Kind, dem er Geld gab, damit es Eier und Käse besorge. Der Junge rannte fort und kam bald mit den Besorgungen zurück.

»Nun zeig mir mal«, sagte der Athener, der von der Klugheit der Jerusalemer gehört hatte, »welcher Käse von einer weißen und welcher von einer schwarzen Ziege kommt!«

»Das tu ich, sobald du mir zeigst, welches Ei von einer weißen und welches von einer schwarzen Henne kommt!«

2. Humor im Mittelalter

Ein besonderes Kapitel jüdischen Humors bildet die Beziehung des ostjüdischen Dorfjuden zum christlichen Adligen, dem sogenannten »Poretz«, dem das gesamte Dorf gehört, und der nach Belieben dem Juden bestimmte Objekte (Gaststätten u. dgl.) in Pacht geben oder verweigern konnte und ihn somit in seiner Existenz beherrschte. Ein solcher »Poretz« hielt sich zumeist als Factotum einen Juden, den er ohne Rücksicht auf seinen Namen stets »Moschke« nannte und den er mit allen möglichen Kaprizen schikanierte. Hier ein klassisches Beispiel für eine solche Marotte und für die Art und Weise, wie sie der Jude zu seinem eigenen Profit umwandelte:

Der Poretz zu seinem Schutzjuden:

»Moschke, du mußte mir unbedingt einen Foxterrier besorgen, und zwar schnell!«

»Kein Problem«, sagt Moschke, »ich besorge Ihnen gerne einen Foxterrier. Nur – Sie müssen wissen, daß Sie keinen Foxterrier unter vierhundert Rubel kriegen!«

»Gut«, sagt der Poretz, »da hast du das Geld!«

Moschke eilt hochzufrieden nach Hause, und als seine Frau wissen will, was der Poretz von ihm wollte, sagt er:

»Stell keine Fragen! Ich habe heute ein Bombenbeschäft gemacht, jetzt muß ich nur noch in Erfahrung bringen, was ein Foxterrier ist!«

13

*Ein besonders ergiebiges Thema im jüdischen Humor ist
das Verhältnis Juden – Christen, das stets mit Spannungen verbunden war, zuweilen jedoch zu amüsanten Episoden führte. Immer wieder scheint es die mittelalterlichen Herrscher gereizt zu haben, die Juden zu einem Disput mit Vertretern der Kirche zu zwingen, wobei den Juden die Vertreibung aus der Stadt drohte, wenn sie verloren. Es ist daher verständlich, daß die jüdischen Gelehrten sich nur sehr ungern bereit erklärten, die jüdische Seite bei einem solchen Disput zu vertreten. Dazu folgende amüsante Episode:*

Der Tag des angesagten Disputs rückt immer näher, und keiner der jüdischen Gelehrten ist bereit, die Gemeinde zu vertreten. Da meldet sich Jankel, der Wasserträger, und sagt:

»Wenn keiner will, dann gehe ich!«

Die Gemeinde ist entsetzt: Soll ein Unwissender sich mit dem katholischen Bischof in eine Diskussion einlassen? Er würde doch glatt durchfallen! Da sich jedoch kein Gelehrter meldet, beschließt man, den Jankel zu schicken, ihn als Rabbiner zu kleiden und auf ein Wunder zu hoffen.

Der Bischof kündigt an: Der Disput wird wortlos gehalten, nur mit Hilfe von Gesten, und er enthält drei Punkte. Wird der Jude darauf eine passende Antwort geben, hat er gewonnen.

Der Bischof beginnt, indem er einen Finger hebt. Prompt hebt Jankel zwei Finger. Dann hebt der Bischof eine offene Hand, worauf Jankel die Faust zeigt. Schließlich hebt der Bischof ein Glas Rotwein, worauf Jankel ein Stück weißen Käse aus seinem Beutel nimmt.

Nun erklärt der Bischof ganz zerknirscht, der Jude habe alle drei Punkte treffend widerlegt und damit den Disput gewonnen.

Große Bestürzung bei den Christen. Aber der Bischof rühmt den Juden als einen großen Theologen und erklärt den Inhalt der theologischen Auseinandersetzung: Zuerst habe er einen Finger gehoben, um zu zeigen, daß auch die Christen an einen Gott glauben. Da hat der Jude zwei Finger gehoben, um damit zu sagen, daß die Christen an Vater und Sohn glauben, folglich sei das Christentum keine monotheistische Religion. Dann habe er, der Bischof, seine offen gespreizte Hand gehoben, um zu zeigen, daß die Juden von Gott über das ganze Erdenrund zerstreut wurden, wie die fünf Finger seiner Hand alle in eine

andere Richtung zeigten, und es werde auch für immer so bleiben. Doch da hob der Jude die Faust und zeigte damit, daß Gott sie einst wieder einsammeln und zu einem Volke machen werde – wie die geballte Faust! Schließlich habe er roten Wein gezeigt – Rot ist die Farbe der Sünde – und damit die Juden als Sünder bezeichnet, deren Sünden nie von Gott vergeben werden würden. Da hat der Jude weißen Käse gezeigt, denn es heißt in den Propheten: »Sollten eure Sünden rot wie Purpur sein, so werde ich sie wie Wolle weiß machen.«

Großer Jubel bei den Juden. Alle wollen nun wissen, wie es der unwissende Jankel geschafft hat, den gelehrten Bischof zu besiegen. Dieser erklärt stolz den Vorgang aus seiner Sicht: »Der Bischof begann mich zu provozieren und hob einen Finger, um anzudeuten, daß er mir ein Auge ausstechen wird. Da habe ich zwei Finger gehoben und gedroht, daß ich ihm beide Augen ausstechen werde. Dann hob er die Hand und drohte mir mit einer Ohrfeige. Daraufhin hob ich meine Faust, daß ich mit der Faust zurückschlagen werde. Als er gesehen hat, daß ich keine Angst vor ihm habe, hat er sich mit mir versöhnen wollen und mir ein Glas Rotwein angeboten. Da habe ich ein Stück Käse herausgenommen, denn zu rotem Wein schmeckt gut ein Stück weißer Käse!«

Der Graf läßt seinen »Moschke« rufen:

»Moschke, mein Hund ist hochintelligent, ich möchte, daß du ihm die polnische Sprache beibringst!«

»Aber Herr Graf, wie soll ich einen Hund Polnisch sprechen lehren? Ein Hund ist doch kein Mensch!«

»Mein Hund ist klüger als manche Menschen, die ich kenne! Moschke, es ist ein Befehl, und wenn du dich weigerst, meinen Befehl auszuführen, dann kannst du deine Sachen packen und verschwinden!«

»Also schön, ich übernehme die Aufgabe. Aber Sie müssen mir Zeit lassen. So was geht nicht von heute auf morgen!«

»Ich gebe dir ein Jahr Zeit!«

»Ausgeschlossen! In einem Jahr kann ich keinem Hund eine Sprache beibringen. Ich verlange fünf Jahre!«

Der Graf: »Also gut, in fünf Jahren muß der Hund imstande sein, eine Konversation in Polnisch zu führen.«

Der Jude kommt nach Hause und erzählt seiner Frau, was er sich eingebrockt hat.

Die Frau: »Jankel, bist du meschugge? Wie kannst du dich verpflichten, einem Hund Polnisch beizubringen?«

»Darum habe ich ja fünf Jahre verlangt! In fünf Jahren kann alles Mögliche passieren: Entweder wird der Hund nicht mehr leben oder der Graf!«

Vor dem Inquisitionsgericht in Spanien steht ein getaufter Jude, der ertappt wurde, als er insgeheim das Pessachfest feierte.

»Wir übergeben dein Schicksal der göttlichen Vorsehung«, sagt zu ihm der Hauptinquisitor. »Hier sind zwei Zettel, auf dem einem steht: Tod, auf dem anderen: Leben. Du mußt einen Zettel ziehen!«

Der Jude ist überzeugt, daß auf beiden Zetteln »Tod« steht und daß das Ganze nur eine blutige Farce ist. Was soll er tun? Da fällt ihm eine geniale Idee ein: Er nimmt einen der zwei Zettel und schluckt ihn in Sekundenschnelle herunter. Dann sagt er zu seinem Peiniger:

»Ich weiß nicht, was auf dem Zettel stand, den ich geschluckt habe; aber es ist sehr leicht dies herauszufinden: Wenn auf dem anderen Zettel ›Tod‹ steht, dann habe ich ja ›Leben‹ gezogen!«

Israel Zangwill erzählt uns folgende Anekdote über zwei spanische Juden in der Zeit der Inquisition:

Um ihr Leben zu retten, beschließen die zwei, die Taufe über sich ergehen zu lassen. Sie gehen zur Kathedrale und bitten um Audienz beim Bischof. Da dieser ausgegangen ist, beschließen sie, auf ihn zu warten. Eine Stunde geht vorbei, eine zweite. Es ist bald Sonnenuntergang. Da sagt einer der prospektiven Täuflinge zum anderen: »Wenn es noch lange dauert, verpassen wir die Mincha!«

(»Mincha« ist das Dämmerungsgebet, das jeder Jude täglich verrichten soll.)

3. Humor in der Neuzeit

3.1 Antisemitismus

Im russischen Distrikt Horodno regierte zur Zeit des Rabbi Nachum ein Gouverneur, der aus seinem Judenhaß keinen Hehl machte und die Juden schikanierte. Rabbi Nachum bildete dabei eine Ausnahme: Ihn respektierte der Gouverneur als einen Mann von großer Gelehrsamkeit und wahrer Frömmigkeit.

Am Neujahrsempfang, den der Gouverneur jedes Jahr gab, pflegte auch Rabbi Nachum teilzunehmen und dem Gouverneur Erfolg im neuen Jahr zu wünschen. Diesmal bat der Gouverneur den Rabbi zu einem »tête-à-tête«-Gespräch. Als sie schließlich allein waren, sagte er ganz unvermittelt:

»Glauben Sie nicht, daß ich nicht weiß, daß ihr mich haßt und daß eure guten Wünsche geheuchelt sind. Mich wundert nur, daß Sie, den ich für einen ehrlichen und geradlinigen Menschen halte, mir etwas wünschen, was Sie mit Sicherheit im Herzen nicht meinen.«

»Sie irren sich, Herr Gouverneur«, entgegnete Rabbi Nachum. »Die guten Wünsche, die wir ausgesprochen haben, waren von Herzen. Was haben wir Ihnen gewünscht? Ein Jahr des Erfolges, und was bedeutet Erfolg für einen Mann in Ihrer hohen Stellung? Daß Sie noch höher steigen und zum Minister ernannt werden. Dann werden Sie Ihren Wohnsitz nach St. Petersburg verlegen und unsere Stadt verlassen, und das ist es, was wir von Herzen wollen!«

Als in Rußland der Zar Alexander III. regierte, erließ sein judenfeindlicher Minister Ignatjew mehrere anti-jüdische

Gesetze. Damals wurde von antisemitischer Seite ein Gerücht verbreitet, Baron Ginzburg, ein geadelter Jude, hätte eine Geldsammlung initiiert, um den Minister Ignatjew zu bestechen, damit er die Gesetze zurückziehe. Als sich die zwei begegneten, sagte Ignatjew zum Baron:

»Es ist mir zu Ohren gekommen, Herr Baron, daß Sie mir Geld anbieten wollen. An wieviel haben Sie denn gedacht?«

Der Baron: »Wenn es soviel sein sollte, wie es dem Wert der Juden nach meiner Einschätzung entspricht – soviel Geld besitze ich gar nicht. Wenn es nach Ihrer Einschätzung gehen soll – den Betrag können Sie zu jeder Zeit haben!«

Der polnische König Stanislaw August ernannte einen Juden namens Issachar Halevy Lehmann zum Finanzminister. Einige der Höflinge mißbilligten diesen Beschluß des Königs und drückten offen ihre Verwunderung aus, daß der König die Macht über die Staatsfinanzen ausgerechnet einem Juden anvertraute, wo doch die Juden so sehr geldgierig seien und bereits vor Jahrtausenden das Goldene Kalb angebetet hätten.

Der König, der ein Kenner der biblischen Geschichte war, entgegnete:

»Ihr wißt anscheinend nicht, daß der Jude Lehmann dem Stamme Levi angehört, von dem es in der Bibel heißt, daß er als einziger an der Anbetung des Goldenen Kalbs nicht beteiligt war!«

Sir Moses Montefiore, ein berühmter englisch-jüdischer Philanthrop, wird bei einem Bankett neben einen antisemitischen Adligen gesetzt.

»Ich komme gerade von einer Japanreise zurück und

mußte zu meinem Erstaunen feststellen, daß es dort weder Juden noch Schweine gibt!«

»Wenn es so ist«, entgegnet ihm Montefiore, »dann sollten wir uns beide in Japan niederlassen, damit es dort wenigstens je ein Exemplar von diesen zwei Spezies gibt!«

Ein zweites Mal befindet sich Sir Moses Montefiore in Gesellschaft eines antisemitischen Grafen, der den Gästen seinen dressierten Hund vorführt, und alle sind von den Bravourstücken des Hundes beeindruckt. Montefiore als einziger zeigt keine Begeisterung. Der Graf beschließt, sich zu revanchieren, und ruft mit lauter Stimme den Hund zu sich:

»Komm her, Moschke!«

Da wendet sich Montefiore zum Grafen und sagt:

»Schade, daß Sie dem Hund einen jüdischen Namen gegeben haben, ansonsten hätte er gute Chancen, zu avancieren und eventuell Graf zu werden!«

Der Herzog von Mannheim zum jüdischen Gelehrten Rabbiner Isaak Brill:

»Man sagt, daß Juden, die vor Gericht geladen werden, versuchen, sich durch größere Geldsummen die Gunst der Richter zu erkaufen, um freigesprochen zu werden oder ein milderes Urteil zu erhalten. Ist es nicht ein Unrecht, mit Bestechungsgeldern einen Richter zu veranlassen, das Recht zu beugen?«

Der Rabbiner: »Damit wird das Recht nicht gebeugt, sondern umgekehrt! Ich werde es Ihnen erklären: Wenn ein Jude und ein Christ eine Kontroverse haben und vor dem christlichen Richter stehen, liegt es in der Natur der Sache, daß der Richter zunächst zugunsten des Christen

voreingenommen ist. Das Geld, das der jüdische Kontra-
hent ihm gibt, bewirkt bei dem Richter, daß er seine
Voreingenommenheit zugunsten des Christen aufgibt
und vollkommen unparteiisch seine Entscheidung trifft!«

Als Professor Albert Einstein seine sensationelle Relativi-
tätstheorie veröffentlichte, sprach die ganze Welt von
dem Genie, das die gesamte Wissenschaft ins Wanken
bringe. Damals sagte Einstein:
»Wird sich meine Theorie bewahrheiten, dann werden
Deutschland und Frankreich um mich kämpfen. Deutschland wird sagen, daß ich ein Deutscher bin, und Frankreich, daß ich ein Weltbürger bin. Wird sie sich nicht bewahrheiten, werden wieder Deutschland und Frankreich
um mich streiten: Frankreich wird sagen, daß ich ein Deutscher bin, und Deutschland, daß ich ein ... Jude bin!

Ein älterer jüdischer Herr, der in seiner Gemeinde die
doppelte Funktion des Religionslehrers und des Schäch-
ters ausübte, stand vor einem deutschen Richter, der für
seine antisemitische Haltung bekannt war. Dieser nannte
ihn während der Verhandlung nie bei seinem Namen,
sondern sprach ihn stets mit »Herr Schächter« an.
Als die Verhandlung zu Ende war, fragte der Richter
den alten Mann:
»Herr Schächter, möchten Sie Ihrer Aussage etwas hin-
zufügen?«
»Jawohl, Herr Richter: Ich möchte betonen, daß ich für
die Menschen ein Lehrer bin und ein Schächter – für das
Rindvieh!«

Bei der Friedenskonferenz, die Ende des 1. Weltkrieges
einberufen wurde, um die Neuordnung Europas zu be-

schließen, trafen sich Louis Marshall (1856-1929), Wortführer der Juden Amerikas, und Ignatz Paderewski, Wortführer Polens, zu einem Gespräch.

Paderewski: »Herr Marshall, Sie müssen Ihren Einfluß geltend machen, damit die Friedenskonferenz die Interessen Polens berücksichtige; ansonsten werden die Polen ihren Ärger an den dortigen Juden auslassen und blutige Pogrome entfachen.«

»Und wenn die Friedenskonferenz die Interessen Polens berücksichtigen wird, dann werden sich die Polen vor Freude sinnlos betrinken und blutige Pogrome entfachen«, entgegnete Louis Marshall.

In einer Großstadt in Polen wurde ein neuer Bürgermeister gewählt, der für seinen Judenhaß bekannt war. Als man ihm zu Ehren einen großen Ball veranstaltete, lud man dazu auch prominente Juden ein. Als der Abend zu Ende ging, bedankte sich der neugewählte Bürgermeister bei den Gästen für die ihm erwiesene Ehre, und an die anwesenden Juden richtete er noch folgende Worte:

»Ihr Juden habt ja bereits in der Wüste eure tänzerische Begabung unter Beweis gestellt, als ihr um das Goldene Kalb tanztet.«

Darauf reagierte einer der jüdischen Gäste und sagte:

»Sie haben vollkommen recht, Herr Bürgermeister: Wir sind es gewohnt zu tanzen, wenn uns ein Kalb vorgesetzt wird.«

Der »eiserne« Kanzler von Bismarck war derart begeistert vom Scharfsinn des jüdischen Politikers Eduard Lasker, daß er zu ihm sagte:

»Herr Lasker, ich möchte, daß Sie in meinem Kabinett einen Ministerposten übernehmen!«

Darauf Lasker: »Herr Kanzler, das geht leider nicht: Am achten Tag meiner Geburt wurde mir bereits diese Karriere abgeschnitten!«

1932. Der Schriftsteller Israel Zangwill fuhr von London nach Berlin, um dort an einer zionistischen Tagung teilzunehmen. Er ging in ein Café, setzte sich an den einzigen freien Platz neben zwei Frauen. Als sie sahen, wie Zangwill die jüdische Zeitung entfaltete, sagte die eine zur anderen:

»Gibt es keinen Platz, wohin ein Deutscher gehen kann, ohne dort einem Juden begegnen zu müssen?«

Da meldete sich Zangwill: »Vielleicht versuchen Sie es in der Hölle?«

Israel Zangwill saß nach einer ermüdenden Sitzung in der Berliner Straßenbahn und konnte sein Gähnen nicht unterdrücken. Die Frau, die ihm gegenüber saß, störte das offensichtlich; sie sagte mit gereizter Stimme:

»Sie reißen Ihren Mund so weit auf – wollen Sie mich schlucken?«

Darauf Zangwill: »Nein, gnädige Frau: Unsere Religion verbietet es uns, eine bestimmte Fleischsorte zu essen!«

Ein jüdisches Mädchen wird dem Kultusminister im zaristischen Rußland vorgestellt. Dieser nimmt das silberne Kruzifix, das er auf seinem Gewand trägt, und befiehlt ihr: »Küssen Sie Ihren Bräutigam!«

Das schlagfertige Mädchen erwidert: »In einer kultivierten Gesellschaft ist es üblich, daß der Bräutigam als erster die Braut küßt!« –

In den letzten Jahren des Zaren Nikolas II. fiel ein Jude in die Moskwa und war am Ertrinken.

»Hilfe, Hilfe! Ich kann nicht schwimmen!« schrie er. Doch vergeblich. Eine Gruppe von Soldaten, die am Ufer des Flusses untätig saß, lachte und sah zu.

In seiner Verzweiflung kam der Jude auf die lebensrettende Idee: Er fing an zu schreien: »Nieder mit dem Zar! Es lebe die Revolution!« Da sprangen die Soldaten sofort in den Fluß, zogen den Mann aus dem Wasser und führten ihn ins Gefängnis.

»Das wird dich lehren, unseren Zar zu beleidigen!«

Tristan Bernard, der berühmte Humorist jüdischer Abstammung, nimmt in einem Zugabteil Platz, das Nichtrauchern reserviert ist, und steckt sich eine Zigarre an. Der einzige außer ihm im Abteil sitzende Passagier protestiert: – vergeblich! Bernard raucht unbekümmert weiter. Der Nichtraucher ruft den Kontrolleur. Als dieser Bernard auf das Schild »Nichtraucher« aufmerksam macht, sagt der Schriftsteller zum Kontrolleur:

»Anstatt mich zurechtzuweisen, weil ich hier rauche, wäre es Ihre Aufgabe, diesen Herren in die zweite Klasse zu verweisen; denn wir sind in der 1. Klasse!«

Der Kontrolleur verlangt vom anderen die Fahrkarte, und in der Tat: Er hatte 2. Klasse gelöst! Der Mann muß das Abteil verlassen, und Tristan Bernard triumphiert.

Als er einem Freund die Geschichte erzählt und dieser ihn fragt, woher er wußte, daß der Mann im falschen Abteil saß, sagte Bernard:

»Ganz einfach, sein Fahrschein ragte aus seiner Tasche heraus, und ich sah, daß er dieselbe Farbe hatte wie der meinige!« –

»Sag mal, Klaus-Dieter, warum bist du eigentlich gegen die Aufnahme von Juden in unsere Burschenschaft?«

»Diese Kerle studieren mir zuviel und saufen mir zu wenig. Das sind für mich keine Studenten!«

Eine Lehrerin in einer deutschen Privatschule weist ihren einzigen jüdischen Schüler zurecht:

»Du bist genauso wie alle von eurer Rasse – egoistisch, geldgierig und überheblich. Dein Vater zahlt Schulgeld für einen Schüler, und was machst du, Jude? Du lernst für drei!«

Groucho Marx (1895-1977), der große jüdische Komiker, ersucht vergeblich um die Aufnahme seines Sohnes – der ein begeisterter Schwimmer ist – in einen exklusiven Klub, der keine Juden aufnimmt. Als sein Antrag zum dritten Mal abgewiesen wird, sagt er zum Direktor:

»Okay, Ihre Statuten verbieten Ihnen, Juden aufzunehmen. Aber mein Sohn ist nur Halbjude, darf er in Ihrem Swimmingpool bis zur Gürtellinie tauchen?«

Eine Dame der Heidelberger Gesellschaft veranstaltet in ihrer Villa eine Tanzparty. In letzter Minute stellt sie fest, daß ihr durch die Absage einiger Herren sieben Kavaliere zum Tanz fehlen. Was tun? Da fällt ihr ein: In Heidelberg gibt es ja eine amerikanische Garnison! Sie ruft dort an und bittet den kommandierenden Oberst:

»Schicken Sie mir sieben Offiziere, die mit den Damen tanzen sollen, aber bitte keine Juden!«

»Verlassen Sie sich darauf!« sagt der Oberst.

Und in der Tat: Punkt 19 Uhr stehen vor dem Tor der Villa sieben stramme amerikanische Offiziere – alle Neger!

Die Hausherrin, ganz verwirrt, stammelt: »Das muß ein Irrtum sein!«

»Ausgeschlossen«, sagt einer der Offiziere, »Colonel Blumenfeld irrt sich nicht!«

3.2 Assimilation

Im Zuge der Assimilation, die in Deutschland ihren Vorkämpfer in Moses Mendelssohn (1729-1786) hatte, kam es zu einer Welle von Taufen zum Christentum, worin manche Juden den Weg zu schneller und gründlicher Integration in die christliche Gesellschaft sahen. Auf diesem Hintergrund entstand eine Fülle von Witzen, die die Bemühungen dieser Juden, sich partout in christliche Kreise einzuschmeicheln, ins Lächerliche zog. Hier einige davon:

Jankel Goldstein aus Lemberg möchte in Wien Karriere machen und beschließt, sich taufen zu lassen. Am Vorabend der Taufe fragt er einen seiner christlichen Kollegen, was er denn für die Taufe anziehen soll. Darauf antwortet dieser:

»Bei uns geht man in Windeln!«

Berl und Schmerl haben gehört, daß der katholische Pfarrer jedem, der sich taufen läßt, 100 Kronen gibt. Sie beschließen, daß Berl die Taufe macht und die 100 Kronen mit dem Schmerl teilt. Als der frischgetaufte Berl aus der Kirche kommt, streckt Schmerl die Hand hin. Berl schaut auf ihn mit Verachtung und sagt:

»Das ist es, wofür wir Christen euch Juden nicht mögen: Ihr denkt nur an das Geld!«

Ein Jude läßt sich evangelisch taufen. Als der Pastor ihn fragt, welchen Namen er als Christ führen möchte, sagt er:

»Wenn ich darf, dann möchte ich den Namen Martin Luther wählen.«

Der Pastor: »Natürlich dürfen Sie. Aber warum ausgerechnet Martin Luther?«

Darauf der Neugetaufte: »Sehen Sie, auf meine gesamte Bettwäsche habe ich seinerzeit mein Monogramm ›Moische Levy‹ sticken lassen, und es wäre doch schade, die ganze Wäsche jetzt neu sticken lassen zu müssen!«

Professor Chwolson, ein getaufter Jude, wurde gefragt, warum er sich hatte taufen lassen.

»Aus Überzeugung!«

»Aus Überzeugung?«

»Ja, aus der Überzeugung, daß es vorteilhafter ist, Professor an der Universität von St. Petersburg zu sein, als ein Melamed (Kinderlehrer) in Schklow!«

David Cohen bringt sein Zeugnis nach Hause, und der Vater stellt fest, daß die Zensuren noch schlimmer geworden sind. »Es muß doch einen Grund geben, warum du derart schlechte Noten erhältst! Machst du nicht deine Aufgaben? Lernst du nicht?«

»Doch, aber der Lehrer kann Juden nicht ausstehen und gibt mir schlechte Zensuren, weil ich Jude bin.«

Der Vater will seinem Sohne diese Schikanen ersparen und läßt ihn taufen. Der Junge bekommt einen christlichen Namen, er heißt nicht mehr David Cohen, sondern Irving Collins. Nichtsdestotrotz erhält Irving Collins am

29

Jahresende noch schlechtere Zensuren als der Jude David Cohen ein Jahr zuvor.

»Welche Ausrede hast du dieses Mal?« tobt der Vater. »Du kannst doch nicht behaupten, der Lehrer hätte gegen dich Vorurteile!«

»Das nicht«, sagt der Junge, »aber alle anderen Kinder in der Klasse sind jüdisch, und mit Juden kannst du nicht konkurrieren!«

Berl Levin aus Warschau, der zu einem beträchtlichen Vermögen gekommen war, beschloß, seiner einzigen Tochter die bestmögliche Erziehung zu geben und schickte sie in ein exklusives Internat in der französischen Schweiz. Nach ihrer Rückkehr nach Warschau heiratete sie einen Arzt, und ein Jahr später kam sie zur Entbindung ihres ersten Kindes in die Klinik.

Der Vater wartete im Nebenzimmer, als von dem Entbindungsraum ein Schrei kam: »Mon Dieu! Don Dieu!«

»Herr Doktor«, rief der Vater, »kommen Sie schnell, das Baby ist gleich da!«

Der Arzt, der mit der Familie bekannt war, lächelte und sagte: »Keine Eile, es ist noch nicht soweit!«

Als nach einer Stunde ein Schrei kam: »Oj gewalt, Mame, Mame!«, da sagte der Arzt zum Vater:

»Jetzt ist es soweit!«

Samuel Mendelsohn tritt zum Christentum über, um in einen Country Club aufgenommen zu werden, der keine Juden aufnimmt. Er stellt sich im Country Club vor und bittet um Aufnahme.

»Wie heißen Sie?«

»Seymour Hutchinson.«

»Was ist Ihr Beruf?«

»Ich bin Mitglied im New Yorker Stock Exchange.«

»Eine letzte Frage. Welche Religion haben Sie?«

»Religion? Goyisch!«

(Goyisch von gojim = nicht jüdisch)

Sandie und Samuel, beide Kunstliebhaber, gehen ins Museum für Alte Kunst und nehmen ihren alten Vater mit, der noch nie eine Bilderausstellung gesehen hat. Als sie ein großes Bild betrachten, das die Geburt Jesu darstellt, sagen sie zum Vater:

»Für dieses Bild hat das Museum dreiviertel Million Dollar bezahlt!«

Der Vater betrachtet das Bild und fragt: »Ist das eine Familie?«

»Ja«, sagt der Sohn, »Vater, Mutter und Baby.«

»Und warum sind die in einem Stall?«

»Weil sie bettelarm waren und kein Geld hatten, um sich eine Wohnung zu mieten.«

»So – so, bettelarm waren sie. Aber Geld, um sich von einem solch teuren Maler abbilden zu lassen, das hatten sie!«

Der junge Jankel fährt nach Warschau, um dort an der Universität zu studieren. Seine Mutter macht sich Sorgen, ob er in der Großstadt sein tägliches Morgengebet und seine Tefillin, die Gebetsriemen, nicht vergessen wird. Sie beschließt, seine Taschentücher in den Beutel zu tun, in dem sein Gebetbuch und die Tefillin liegen. Und in der Tat: Im ersten Brief, den sie vom Sohn erhält, beklagt sich dieser, sie hätte vergessen, seine Taschentücher einzupacken.

Die Mutter antwortet: »Bete zu Gott, und du wirst sie finden!«

3.3 Rabbiner und Pfarrer

Ein alter Rabbiner ist verstorben. Im Himmel empfängt ihn der Erzengel Gabriel persönlich und führt ihn zu seinem Platz im Paradies – ein ehrenvoller Platz in der dritten Reihe. Er setzt sich, blickt neugierig auf die, die vor ihm sitzen, und ist ganz erstaunt, als er in der ersten Reihe einen Mann sieht, den er als Busfahrer kannte.

»Wie kommt es, daß ein Busfahrer auf einem solch ehrenvollen Platz sitzt, drei Reihen vor mir?« fragt er den Erzengel Gabriel. »Schließlich war ich vierzig Jahre lang Rabbiner und habe mit meinen Predigten die Menschen zum Beten und zur Frömmigkeit angeregt. Wo ist hier Gerechtigkeit?«

»Es ist schon in Ordnung«, antwortet der Erzengel. »Unter uns: als du predigtest – wie viele hörten zu und wie viele schliefen ein? Sieh dir jedoch diesen Busfahrer an: Er raste durch die Gegend mit 130 km pro Stunde! Seine Fahrgäste zitterten und beteten die ganze Zeit!«

Drei Geistliche – ein katholischer Pfarrer, ein evangelischer Pastor und ein Rabbiner – bestellen je einen Talar bei einem Schneider. Als sie den Talar abholen und um die Rechnung bitten, winkt der Schneider ab und sagt:

»Ich werde doch von einem Geistlichen kein Geld nehmen!«

Der katholische Pfarrer will sich jedoch erkenntlich zeigen und schickt dem Schneider ein silbernes Kruzifix. Der evangelische Pastor schickt ihm ein in Leder gebundenes Neues Testament. Was schickt ihm der Rabbiner?

Einen Kollegen! –

50 amerikanische Rabbiner fahren mit dem Schiff von New York nach Israel zu einer Rabbinerkonferenz. Dem Steward, der sie auf dem Dampfer betreut, versprechen sie ein großzügiges Trinkgeld, wenn er sie zu ihrer Zufriedenheit bedienen wird.

Dieser gibt sich die größte Mühe, doch als die Rabbiner aussteigen, nicken sie mit dem Kopf zum Zeichen des Dankes, aber von Trinkgeld – keine Spur! Dem Steward ist die Enttäuschung anzusehen, als plötzlich der letzte der aussteigenden Rabbiner sein Portemonnaie zückt, aus ihm eine 1000-Dollar-Banknote zieht und sie dem Steward reicht »mit herzlichem Dank im Namen aller Kollegen«.

Der Steward erzählt einem Kollegen den Vorfall und fügt hinzu: »Ob die Juden den Jesus kreuzigten, weiß ich nicht, aber daß sie ihn auf die Folter gespannt haben, dessen bin ich sicher!«

Der Gemeinderabbiner hat einen schweren Herzanfall erlitten und muß mehrere Wochen das Bett hüten. Der Präsident der Gemeinde stattet ihm einen Besuch ab.

»Ich habe die Ehre Ihnen mitzuteilen, daß der Gemeindevorstand in seiner gestrigen Sitzung den Beschluß gefaßt hat, Ihnen gute und schnelle Besserung zu wünschen. Der Beschluß wurde mit großer Mehrheit – zwölf zu sieben Stimmen – gefaßt!«

In einem kleinen Städtchen in Polen fordert der Pfarrer, der als Kenner der Bibel und der hebräischen Sprache bekannt ist, jeden Juden auf, sich mit ihm in der Kenntnis dieser Sprache zu messen. Der Disput soll auf eigenartige Weise stattfinden: Jeder der Kontrahenten wird dem Gegner einen hebräischen Text vorlegen, den dieser übersetzen soll. Siegt der Vertreter der Juden, können diese im Ort verbleiben, siegt der Pfarrer – müssen alle Juden den Ort verlassen.

Der Gemeinderabbiner ist nicht bereit, die jüdische Seite im Disput zu vertreten, weil er befürchtet, daß seine hebräischen Kenntnisse geringer sind als die des Pfarrers. Da meldet sich ein einfacher jüdischer Handwerker, der bereit ist, es mit dem Pfarrer aufzunehmen. Weil kein anderer gewillt ist, die Gemeinde zu vertreten, nimmt die Gemeinde den Vorschlag des Handwerkers mit großer Besorgnis an.

Kaum hat der Pfarrer den Disput offiziell eröffnet, bittet der Handwerker um die Erlaubnis, als erster eine Frage zu stellen. Diese wird ihm gewährt, und er fragt den Pfarrer, was die hebräischen Worte: »Ejneni jodea« bedeuten. (Es bedeutet: Ich weiß nicht.)

Der Pfarrer antwortet: ›Ich weiß nicht‹ – worauf die Jury den Handwerker als Sieger erklärt.

Große Freude und Erleichterung in der jüdischen Gemeinde, die sich bereits auf die Vertreibung aus dem Ort gefaßt gemacht hatte. Der Handwerker wird umjubelt, und der Gemeindevorsteher fragt ihn, wie er auf die geniale Idee gekommen ist, ausgerechnet diese beiden Wörter zu wählen, deren exakte Übersetzung dem Handwerker dennoch den Erfolg brachte. Der Handwerker antwortete:

»Ich bin in einem Dorf aufgewachsen, dessen Rabbiner ein großer Gelehrter war. Da riet mir eines Tages ein Mann, den Rabbiner zu fragen, was die Worte ›Ejneni jodea‹ bedeuten. Der Rabbiner gab mir zur Antwort: ›Ich weiß nicht.‹ Da habe ich mir gedacht: Wenn's unser großer Rabbiner nicht wußte, wie soll es der Pfarrer wissen?« –

34

Ein neuer Rabbiner wird in einer Gemeinde angestellt, in der am Schabbat immer dann ein Streit unter den Gläubigen ausbricht, wenn es zum »Schema Israel«-Gebet kommt: Die Hälfte der Beter steht auf und spricht das Gebet im Stehen, während die andere dieses Gebet sitzend spricht. Diejenigen, die stehen, sind der Meinung, daß dieses Gebet, mit dem Juden auf dem Scheiterhaufen ihren Lebensodem aushauchten, im Stehen gesprochen werden müsse. Die andere Hälfte der Betenden sagt, der »Schulchan Aruch«, das religiöse Gesetzbuch, erlaube ausdrücklich jedem, der vor dem »Schema Israel« gesessen hat, auch bei diesem Gebet sitzen zu bleiben.

Die Stehenden schreien auf die anderen ein: »Steht auf!« Die anderen schreien: »Bleibt auch ihr sitzen!«

An jedem Schabbat bricht der Disput von neuem aus, und der Rabbiner beschließt, dem Streit ein Ende zu machen.

Da ihm zu Ohren gekommen ist, daß in der Stadt ein 95jähriger Jude im jüdischen Altersheim noch lebt, der unter den Gründern der Synagoge war, begibt er sich mit je einem Vertreter der zwei streitenden Parteien, der »Stehenden« und der »Sitzenden«, ins Altersheim, um den Greis zu befragen, wie es in der Gründerzeit war.

Kaum hat die Delegation das Zimmer des Greises betreten, fragt der Vertreter der Stehenden den Mann:

»War es nicht Tradition, daß man ›Schema Israel‹ im Stehen sprach?«

Darauf antwortet der Greis mit einem schwachen, aber klaren: »Nein.«

Nun fragt der Vertreter der Sitzenden: »Da ist man also sitzen geblieben?« Worauf der Greis wieder mit »Nein« antwortet.

Nun schaltet sich der Rabbiner ein und sagt zum Greis:

»Wir brauchen von Ihnen eine klare Aussage, so oder so. Denn Sie müssen bedenken, daß bei uns an jedem Schabbat die eine Hälfte aufsteht und die andere Hälfte sitzen bleibt.«

Da sagt der Greis: »Genauso war es auch damals!«

Ein der Gemeinde unbekannter Jude, begleitet von einem 10jährigen Jungen, bittet den Rabbiner um ein Gespräch.

»Mein Sohn träumt davon, Rabbiner zu werden. Da wir in Ihnen das Vorbild eines Rabbiners sehen, sind wir hundert Meilen gefahren, um Sie zu sprechen.«

Der Rabbiner ist gerührt, legt seine Hand auf das Haupt des Jungen und sagt zu ihm:

»Ich bin sehr froh, daß du die Absicht hast, Rabbiner zu werden – eine heilige Berufung! Da du eine derart

lange Reise gemacht hast, um mir zu begegnen, darfst du mir jede beliebige Frage stellen!«

»Ich habe in der Tat eine Frage an Sie«, sagt der Junge. »Außer dem Predigen – was tun Sie sonst?«

»Mir scheint«, lächelt der Rabbiner, »daß du nicht Rabbiner werden wirst, sondern Präsident einer Gemeinde!«

Zwei Gemeindemitglieder sind seit Jahren zerstritten. Am Vorabend des Jom-Kippur ruft der Rabbiner die beiden Männer zu sich ins Büro.

»Ihr müßt euch versöhnen«, sagt der Rabbiner. »Was für einen Sinn hat es, in die Synagoge zu kommen und Gott um Vergebung für die begangenen Sünden zu bitten, wenn man nicht bereit ist, sich mit seinem Nächsten zu versöhnen!«

Beide Männer sind gerührt. Sie umarmen sich und versprechen, daß sie sich nicht mehr streiten werden.

Als der Gottesdienst beendet ist, sagt einer der beiden zum anderen:

»Ich wünsche dir all das, was du mir wünschst!«

Darauf der andere: »Du fängst schon wieder an?«

Es besteht ein wesentlicher Unterschied zwischen dem, was die Leute sagen, und dem, was sie eigentlich meinen. Dazu einige Beispiele:

»Ich bezweifle nicht die Aufrichtigkeit der Aussage von Herrn Stein.«

Gemeint ist: Ich bezweifle die Aufrichtigkeit seiner Aussage.

»Herr Glaser ist ein unermüdliches Mitglied unseres Vorstandes.«

Gemeint ist: Herr Glaser ist eine Nervensäge.

»Mein ehrenwerter Kollege.«

Gemeint ist: Allen meinen Feinden wünsche ich einen solchen Kollegen.

»Ich werde mich auf einige wenige kurze Bemerkungen beschränken.«

Gemeint ist: Wir werden glücklich sein, wenn wir heute abend vor den Mitternacht-Nachrichten zu Hause sein werden.

»Unser Wunderrabbi spricht täglich mit dem Allmächtigen!«

»Woher weißt du das?«

»Er hat es selber gesagt!«

»Vielleicht lügt er?«

»Unsinn! Der Allmächtige wird sich doch nicht täglich mit einem Lügner unterhalten!«

Talmudische Kasuistik: Ein Rabbiner wird von einem seiner nicht-jüdischen Bekannten gefragt, was »Pilpul« sei.

»Das läßt sich am besten mit folgender Frage erklären«, antwortet der Rabbiner. »Zwei Kaminfeger steigen auf ein Dach, um den Kamin zu kehren. Sie rutschen aus und fallen durch den Kamin. Das Gesicht des einen ist voll Ruß, der andere jedoch ist sauber geblieben. Wer von den beiden wäscht sich das Gesicht?«

»Der mit Ruß Verschmierte natürlich!«

»Eben nicht! Gerade der Saubere geht sein Gesicht waschen, denn der Rußverschmierte sieht seinen Kollegen, der sauber geblieben ist, und glaubt deshalb, er selber wäre auch sauber. Der andere dagegen sieht seinen Kollegen voll Ruß und glaubt, daß auch sein Gesicht voll Ruß sei. Deshalb geht er sich waschen!

Nun sind die beiden wieder auf das Dach gestiegen und wieder in den Kamin gefallen, und einer ist wieder voll Ruß, während der andere sauber blieb. Wer geht jetzt sein Gesicht waschen?«

»Der Saubere!«

»Da irren Sie sich wieder: Diesmal geht der mit Ruß Beschmierte sich waschen. Denn als er sich das erste Mal wusch, da sah er, daß seine Hände sauber waren und er sich nicht hätte waschen brauchen. Diesmal wiederholt er nicht seinen Fehler!

Nun steigen sie ein drittes Mal auf das Dach und fallen wieder in den Kamin. Wer wäscht sich jetzt?«

»Das muß ich mir überlegen.«

»Wenn Sie schon überlegen, vielleicht überlegen Sie auch, wie es dann möglich sei, daß zwei Menschen durch denselben Kamin fallen und einer von denen sauber bleibt?

Sehen Sie, das ist Pilpul!«

(Pilpul: abgeleitet von hebr. »Pfeffer«, didakt. Methode zur Schärfung des Verstandes)

Der Oberrabbiner von Wien, Peretz Chajes, war unter den Gästen eines Empfangs, den Kaiser Franz-Josef von Österreich-Ungarn in seinem Palais anläßlich seines Geburtstags gab. Der Kaiser bot jedem der Gäste eine seiner Zigarren an, und jeder Gast zündete sie an – mit Ausnahme des Oberrabbiners Chajes; denn es war Sabbat, und am Sabbat ist das Feuermachen im Judentum streng verboten.

»Warum rauchen Sie die Zigarre nicht?« fragte ihn der Kaiser.

»Meines Erachtens wäre es eine Respektlosigkeit, eine Zigarre, die man vom Kaiser empfängt, in Rauch aufgehen zu lassen!«

Der Rabbi Josef Cahanemann, der Gründer der heute weltberühmten Poniwez Jeschiwa, einer Talmud-Hochschule, und einer Reihe anderer Erziehungsinstitute in der israelischen Stadt Bne-Berak, fuhr mehrere Male nach Südafrika, wo er viele Freunde aus der alten Heimat Litauen hatte, um Spenden für seine Schulen zu sammeln.

Als er einem Freund von seiner Absicht erzählte, einen bestimmten vermögenden Juden zu besuchen, um von ihm eine nennenswerte Spende zu bekommen, meinte dieser Freund:

»Schade um Ihre Mühe, der Mann ist extrem anti-orthodox. Sobald er Sie sieht – mit Ihrem langen Bart und Rock –, wird er keinen Cent herausrücken.«

Und in der Tat, als Rabbi Cahanemann den Mann besuchte, machte dieser keinen Hehl von seiner anti-orthodoxen Gesinnung.

»Aber Sie wollen doch auch, daß jüdische Kinder eine gute Erziehung erhalten?« fragte der Rabbi.

»Ja, und ich bin bereit, Ihnen eine ansehnliche Summe für den Bau einer jüdischen Grundschule zu geben – aber nur unter der Bedingung, daß die Schüler ohne Kopfbedeckung in der Klasse sitzen!«

»Und wenn ich diese Bedingung annehme, sind Sie dann bereit, die gesamten Baukosten dieser Schule zu tragen?« fragte der Rabbiner.

Der Mann lächelte: »Eine solche Schule werde ich gerne bauen lassen!«

»Abgemacht!« sagte Rabbiner Cahanemann und besiegelte die Sache mit einem Handschlag.

Ein Jahr später wurde der Spender zur feierlichen Eröffnung der neuen Schule eingeladen. Das herrliche Gebäude schmückte ein riesiges Schild: DIE NEUE BNE-BERAK MÄDCHENSCHULE. (Die Pflicht, eine Kopfbedeckung zu tragen, gilt nicht für Mädchen.)

Die Geschichte passiert in einem »Stetl« im zaristischen Rußland. Ein armer Mann findet auf der Straße einen Geldbeutel mit 500 Rubel. In der Synagoge erfährt er, daß Reb Hersch, der reichste Jude im Stetl, seine Geldbörse verloren hat und daß er dem ehrlichen Finder einen Finderlohn von 50 Rubel verspricht.

Der arme Mann geht zu Reb Hersch, übergibt ihm den gefundenen Geldbeutel mit den 500 Rubel und wartet nun auf den versprochenen Finderlohn. Doch zu seiner bitteren Enttäuschung sagt Reb Hersch zu ihm, nachdem er den Inhalt der Geldbörse nachgezählt hat:

»Ich sehe, daß Sie sich den Finderlohn bereits geholt haben!«

»Wie soll ich das verstehen?«

»Ganz einfach: In meiner Börse waren 550 Rubel!«

»Das ist eine Lüge! Ich schwöre, daß drin nur 500 Rubel waren! Gehen wir beide zum Rabbiner, er wird die Wahrheit herausfinden!«

Beim Rabbiner erzählt jeder seine Version, und der reiche Reb Hersch sagt zum Rabbiner: »Ich will hoffen, daß der Rabbiner mir glaubt und nicht diesem Bettler!«

»Ja«, sagt der Rabbiner zu Reb Hersch, »ich glaube, daß Sie die Wahrheit sagen!«

Der arme Mann ist konsterniert: Der Rabbiner glaubt dem Reichen! Doch zu seiner Verblüffung nimmt der Rabbiner den Geldbeutel aus den Händen des reichen Reb Hersch und gibt ihn dem armen Finder.

»Was tun Sie, Herr Rabbiner? Sie sagten doch soeben, daß Sie mir glauben!«

»Das tue ich auch«, antwortet der Rabbiner, »ich glaube Ihnen, daß in Ihrem Geldbeutel 550 Rubel waren. Anderseits scheint mir, daß dieser arme Finder auch die Wahrheit sagt, daß in dem Beutel, den er gefunden hat, nur 500 Rubel waren; denn wenn er kein ehrlicher Mann wäre, hätte er doch den gesamten Inhalt des Beutels für sich behalten können. Infolgedessen hat er nicht Ihren Geldbeutel gefunden, sondern den eines anderen Mannes, in dem nur 500 Rubel waren. Darum muß er warten, bis sich dieser andere Mann bei ihm melden wird. In der Zwischenzeit darf er den Geldbeutel behalten!«

»Und was ist nun mit dem Geld, das ich verloren habe?« schreit Reb Hersch.

»Sie müssen nun warten, bis sich einer melden wird, der einen Beutel mit 550 Rubel gefunden hat!«

Zu einem Rabbiner in die Sprechstunde kommt ein Jude, der 1000 Dollar für die Gemeinde stiften will, wenn der Rabbi ihn als Cohen zur Torah aufrufen läßt.

Der Rabbiner erklärt, sowas sei nicht möglich.

»Dann gebe ich 5000 Dollar.«

»Nein!«

»10.000 Dollar.«

»Ausgeschlossen.«

»20.000 Dollar.«

»Sie müssen verstehen, sowas läßt sich mit keinem

Geld erkaufen. Im übrigen, warum liegt Ihnen soviel daran, als Cohen zur Torah aufgerufen zu werden?«

»Ich werde Ihnen die Wahrheit sagen: Mein Großvater wurde als Cohen aufgerufen, mein Vater wurde als Cohen aufgerufen, da halte ich es als Ehrensache, auch als Cohen aufgerufen zu werden!«

»Hätte ich noch zwei solche Gemeindevertreter wie Sie, wäre ich ein glücklicher Mensch!« sagt der Rabbiner zu einem seiner bittersten Widersacher.

»Was reden Sie da?« erwidert der Mann. »Ich bin doch einer von denen, die Sie stets kritisieren! Wieso würden Sie glücklich sein, wenn Sie noch zwei wie ich in der Gemeindevertretung hätten?«

»Eben darum: Hätte ich nur noch zwei wie Sie in der Gemeindevertretung, wäre ich glücklich. Das Schlimme ist, daß ich dort noch dreißig von Ihrem Typ habe!«

3.4 Ehevermittlung und Eheleben

Abgesehen von den allgemeinen Unzulänglichkeiten, die in allen Völkern zu finden sind, weist der jüdische Humor einige spezifisch jüdische Komponenten auf, die anderen Bevölkerungsgruppen fremd sind und die sich aus der jüdischen Lebensweise und Folklore ergeben. Dazu gehört der Schadchen, der Heiratsvermittler – eine Einrichtung, die bis Anfang dieses Jahrhunderts bei 90 % der Eheschließungen in Ost- und Mitteleuropa eine entscheidende Rolle spielte und auch heutzutage in den orthodoxen jüdischen Kreisen in aller Welt eingeschaltet wird. Hier einige typische Schadchen-Witze:

Der Schadchen macht mit dem angehenden Bräutigam einen ersten Besuch bei der Familie der vorgesehenen Braut. Da er die prahlerische Art des jungen Mannes kennt, warnt er ihn:

»Ich weiß, du neigst zu Übertreibungen. Ich bitte dich nun: Wenn du eine Geschichte erzählst und ich merke, daß du die Grenze des Zumutbaren überschreitest, gebe ich dir einen Fußtritt, und dann sagst du von dem, was du sagen wolltest, nur die Hälfte!«

Sie setzen sich an den Tisch mit Braut und Eltern, und der junge Mann beginnt mit seinen Geschichten:

»Kürzlich habe ich beim Angeln einen Hecht gefangen, der wog ...«

In diesem Augenblick spürt er einen heftigen Fußtritt, und sagt: »... der wog mindestens hundert Pfund!«

Allgemeine Heiterkeit und Kopfschütteln. Auf dem Weg nach Hause macht der Schadchen dem jungen Mann heftige Vorwürfe:

»Es war doch abgemacht, daß, wenn ich dir einen Fußtritt gebe, du deine Phantasie zügelst!«

»Ich weiß nicht, was Sie wollen: Die hundert Pfund waren doch die Hälfte von dem, was ich ursprünglich sagen wollte!«

Ein junger Mann fragt den Schadchen:

»Wieviel Mitgift bekommt das Mädchen von ihrem Vater?«

»Der Vater gibt ihr für jedes Jahr ihres Alters 1000 Rubel!«
»Und wie alt ist sie?«
»Zwanzig.«
»Tut mir leid, das Mädchen ist mir zu jung!«

Eine Variante lautet so:

Ein amerikanischer Tourist setzt ein Inserat in die israelische Presse, demzufolge er für seine drei Töchter passende Partien sucht, und gibt den Namen seines Tel Aviver Hotels an. Ein junger Israeli meldet sich. Auf dessen Frage, wie alt die Töchter wären, sagt der Vater:

»Die älteste ist 20 und kriegt 20.000 Dollar als Mitgift. Die zweite ist 30 und bekommt 30.000 Dollar. Die dritte ist 40 und kriegt 40.000 Dollar.«

Der Sabre überlegt und fragt dann:

»Haben Sie keine, die 50 ist?«

Ein anderer junger Mann fragt den Schadchen:

»Wie wagen Sie es, mir die Riwkah als Braut anzubieten? Das Mädchen ist doch taub!«

»Das ist doch ein Vorteil: Sie können sie beschimpfen, wieviel Sie wollen, sie hört sowieso nicht!«

»Aber sie stottert auch!«

»Wieder ein Vorteil: Sie redet nicht viel!«

»Aber sie ist doch häßlich!«

»Wieder ein Vorteil: Sie wird nicht fremdgehen!«

»Und dazu ist sie zehn Jahre älter als ich!«

»Mein lieber junger Mann, einen Nachteil müssen Sie schon in Kauf nehmen!«

Ein Schadchen: »Ich sage Ihnen, eine glänzende Partie, diese Scheindel: Jung, hübsch und reich! Nur einen winzig kleinen Fehler: Sie stottert!«

Der junge Mann winkt ab.

Der Schadchen: »Aber das tut sie ja nicht die ganze Zeit, nur wenn sie redet!« –

Der Jeschiwa-Student Motel Rosenwasser soll sich zum ersten Mal mit Reisele treffen, seiner zukünftigen Braut.

»Worüber soll ich mich mit ihr unterhalten? Ich habe in meinem Leben noch nie ein Gespräch mit einem Mädchen geführt!« sagt er zum Schadchen.

»Das ist sehr einfach: Sprich mit ihr über Liebe, über Familie und über Philosophie!«

Motel wird mit Reisele allein gelassen und beginnt gleich mit dem ersten Thema »Liebe«:

»Reisele, du hast lieb Lokschen (Nudeln)?«

»Nein, ich habe Lokschen nicht lieb!«

Damit ist das Thema »Liebe« abgehakt. Jetzt kommt die »Familie«:

»Reisele, dein Bruder hat lieb Lokschen?«

»Ich habe keinen Bruder.«

Damit ist das Thema Familie auch erledigt. Nun kommt das letzte der drei Themen: Philosophie.

»Reisele, wenn du einen Bruder gehabt hättest, hätte er lieb gehabt Lokschen?«

Ein Schadchen besucht den berühmten russisch-jüdischen Bankier Brodzki.

»Ich habe für Ihre Tochter eine Glanzpartie!«

»Mein lieber Mann, meine Tochter braucht nicht Ihre Vermittlung, um zu heiraten!«

»Wenn Sie erfahren werden, um wen es sich handelt, werden Sie Ihre Meinung ändern!«

»Um wen geht es denn?«

»Um den Kronprinzen von Rußland in Person, den Sohn des Zaren!«

Der Bankier ist überwältigt und weiß nicht, ob er das Angebot ernst nehmen soll.

»Wenn Sie tatsächlich in der Lage sind, diese Partie zustande zu bringen, bin ich einverstanden!«

Der Schadchen reibt sich die Hände vor Freude und spricht zu sich selbst: »Die eine Hälfte habe ich geschafft. Nun bleibt mir nur noch die Aufgabe, die Zustimmung des Zaren einzuholen!«

Zwei jungvermählte Männer unterhalten sich:

»Ich habe aus Liebe geheiratet. Und du – hast du aus Liebe oder des Geldes wegen geheiratet?«

»Bei mir war es eine Kombination von beiden!«

»Was willst du damit sagen?«

»Ganz einfach: aus Liebe zum Geld!«

Ein Mädchen zu ihrer Freundin:

»Aus welchem Grund hat dein Verlobter die Verlobung gelöst?«

»Aus religiösen Gründen.«

»Wieso, Ihr gehört doch beide zur jüdischen Religion?«

»Ja, aber er betet das Geld an und ich besitze keins!«

Reisele zu ihrer Mutter:

»Moische hat mir einen Heiratsantrag gemacht.«

»Gefällt er dir?«

»Eigentlich schon, aber er ist Atheist und glaubt nicht an die Hölle!«

Die Mutter: »Keine Angst, nachdem ihr verheiratet seid, wird er daran glauben!«

Warum ist der Ehemann verpflichtet, seine Frau zu ernähren, und nicht umgekehrt?

Gleich nach der Schöpfung hat Eva dem Adam zu essen gegeben, und wir leiden bis heute daran! –

Der Vater der Braut zum Rabbiner: »Helfen Sie mir! Ich habe dem Bräutigam 20.000 Zlotys Mitgift versprochen und habe nur 10.000; und er droht, die Hochzeit platzen zu lassen, wenn ich ihm nicht bis morgen die gesamte Summe auf den Tisch lege!«

Der Rabbiner: »Sie müssen formell Ihr Wort halten. Daher schlage ich vor, daß Sie die 10.000 Zlotys, die Sie haben, auf den Tisch legen, jedoch vor einem Spiegel, und dem Bräutigam sagen: »Hier sind 10.000 und dort (im Spiegel) noch einmal 10.000, zusammen 20.000!«

»Aber Herr Rabbiner, diesen Trick kenne ich auch: Die 10.000 Zlotys, die ich habe, die sind schon inklusiv mit dem Spiegel!«

Motke geht in einen teuren Schreibwarenladen.

»Ich möchte den teuersten Montblanc-Füllfederhalter, den Sie in Ihrem Laden haben – für den Geburtstag meiner Frau«, sagt er zur Verkäuferin.

»Das wird für sie eine Überraschung sein«, meint die Verkäuferin.

»Das wird es mit Sicherheit sein, sie erwartet nämlich einen Nerzmantel!«

Eine jüdische Mutter, die von ihrer Freundin gefragt wird, wie es ihren beiden Kindern gehe:

»Meinem Sohn ist ein Unglück passiert: Er hat ein Mädchen geheiratet, das keinen Finger im Haushalt rührt, das bis Mittag im Bett liegt und nichts tut. Stellen Sie sich vor, mein armer Sohn bringt ihr das Frühstück ans Bett! Meine Tochter hingegen, die hat eine Glückspartie gemacht! Ihr Ehemann – ein Engel! Läßt sie keinen

Finger im Haushalt rühren, bringt ihr das Frühstück ans Bett und besteht darauf, daß sie bis Mittag im Bett bleibt!«

Rußland. Man schreibt das Jahr 1912. In einem kleinen Städtchen in der Ukraine geht das Gerücht um: Die gefürchteten Kosaken wüten in der Gegend herum und werden bald im Städtchen sein.

Jedermann gräbt eine kleine Grube in seinem Hof und vergräbt dort sein Gold und Silber, damit die Kosaken es nicht finden. Auch Jankel, der Schnorrer, gräbt, und zwar eine zwei Meter lange Grube. Als ein Nachbar ihn spöttisch fragt, ob er wirklich soviel Gold besäße, daß er eine derart große Grube dafür benötige, sagt Jankel: »Meine Frau Scheindel ist mir teurer als Gold!«

Eines Abends sitzt Jankel bequem in seinem Wohnzimmer, als ein Stein die Fensterscheibe durchbricht und auf dem Fußboden landet, der nun voller Glassplitter ist. Am Stein war ein Zettel angebunden: »Wenn Sie uns nicht 10.000 Dollar entsprechend der nachstehend angegebenen Instruktionen bis morgen mittag zahlen, entführen wir Ihre Frau!«

Jankel nimmt einen Kugelschreiber und schreibt eine Antwort:

»Sehr geehrte Herren!

Habe Ihren Stein mit Brief erhalten. Zur Zeit besitze ich keine 10.000 Dollar. Bleiben Sie mit mir jedoch in Kontakt, denn Ihr Angebot interessiert mich.

(gezeichnet)

Jankel Goldstein«

In einer jüdischen Zeitung erscheint unter den Heiratsannoncen folgendes Inserat: »Industrieller sucht für seine 28jährige Tochter (große Mitgift) einen 30- bis 45jährigen, gutaussehenden, gut situierten Herrn, vorzugsweise in freiem Beruf. Kontaktadresse: M. Friedländer. Rauchwarenhändler ...«

Am darauffolgenden Tag erscheint ein alter bärtiger Jude, ärmlich gekleidet, und wünscht Herrn Friedländer zu sprechen.

Herr Friedländer: »Sie wünschen?«

»Sind Sie der Herr, der für seine Tochter einen Herrn sucht, gut situiert und unter 45 Jahren?«

»Ja, aber Sie haben sicherlich dieses Alter seit langem überschritten!«

»Eben darum bin ich gekommen, um Ihnen zu sagen, daß Sie mit mir nicht rechnen dürfen!«

»Meine Frau ist so intelligent«, sagt Jankel zu Berl, »daß sie über jedes Thema stundenlang sprechen kann!«

»Und meine Frau«, erwidert Berl, »ist so gescheit, daß sie überhaupt kein Thema braucht, um stundenlang zu reden!«

Ein junger Mann zum Rabbiner:

»Ich habe ein Mädchen kennengelernt und kann mich nicht entscheiden, ob ich sie heiraten soll oder nicht. Was meinen Sie?«

»Ich würde sagen: ja!«

»Aber sie ist häßlich!«

»Dann eben nicht!«

»Aber sie bekommt eine große Mitgift!«

»Dann heirate sie!«

»Aber sie hinkt!«

»Dann eben nicht!«

50

»Aber ihr Vater verspricht, mir eine Existenz aufzubauen!«

»Dann heirate sie!«

»Herr Rabbiner, ich hoffte, daß Sie mir einen guten Rat geben würden!«

»Ich habe für dich einen guten Rat: Geh und laß dich taufen!«

»Warum das?«

»Dann wirst du nicht mir, sondern dem Pfarrer auf die Nerven gehen.«

Ein verwitweter Jude geht eine zweite Ehe ein, ist jedoch mit der neuen Frau unglücklich. Er betet zu Gott:

»Allmächtiger, ich weiß, daß ein Mann nicht zwei Frauen nehmen darf, das ist strafbar. Aber dies gilt doch nur für uns Menschen und nicht für Dich. Darum bitte ich Dich: Du hast mir die erste Frau genommen, nimm doch auch die zweite!«

Jankel zu Moische: »Wenn du die Wahl hättest, entweder sechs Töchter oder sechs Millionen Rubel zu bekommen, was würdest du wählen?«

»Was für eine blöde Frage! Selbstverständlich sechs Millionen Rubel!«

»Meine Frage ist gar nicht so blöd, denn wenn du sechs Millionen hättest, würdest du noch mehr davon haben wollen; mit sechs Töchtern hättest du mit Sicherheit genug!«

Jankels Schwiegermutter, die ihm das Leben verbitterte, ist verstorben. Als die Männer der »Chewra Kadischa«, dem freiwilligen Bestattungsverein, kommen, um die Leiche abzuholen, bittet sie Jankel, den Leichenzug nicht durch die Hauptstraße zu führen, sondern durch das Hintergäßchen.

Auf ihre Frage nach dem Grund, sagt Jankel:

»Ich mag nicht von der ganzen Stadt beneidet werden!«

3.5 Geldgeschichten

Ein armer Mann kommt zum Rabbiner.

»Ich habe mehrmals versucht, Handel zu treiben; aber kein Artikel wird gekauft. Womit soll ich meinen Lebensunterhalt bestreiten? Raten Sie mir!«

Der Rabbiner: »Ich meine, Sie sollten mit Mehl und mit Leinen handeln. Entweder – oder: Leben die Menschen, dann brauchen sie Mehl, um Brot zu backen; sterben sie, dann braucht man Leinen, um sie zu bestatten!«

(Im Judentum werden alle Leichen – ob arm oder reich – in einfachen Leinengewändern beerdigt.)

Der arme Jude befolgt des Rabbis Rat, aber die Leute kaufen ihm weder Mehl noch Leinen ab. Er kommt zum Rabbiner und fragt nun, warum sein kluger Rat nicht den gewünschten Erfolg brachte.

Der Rabbiner erklärt dies wie folgt: »Ich ging davon aus, daß die Menschen leben und sterben. Dem ist nicht so: Sie leben nicht und sterben nicht; sie plagen sich!«

Jankel und Jossel treffen sich in Miami Beach. Jossel erzählt, seine Fabrik sei im vorigen Jahr abgebrannt. Zum Glück war er auf eine halbe Million versichert.

Jankel erzählt, ihm sei ähnliches passiert: Sein Laden wurde von einem Orkan verwüstet. Zum Glück war er für eine Million Dollar versichert.

»Herrlich«, sagt Jossel, »nur verrate mir: Wie schaffst du es, einen Orkan zu entfachen?«

Ein gelehrter Jude beklagte sich bei seinem Rabbiner, er bekomme ständig Besuch und habe keine Zeit für das Torahstudium, das er so liebe.

»Ich habe eine Lösung für dein Problem: Kommt ein reicher Mann zu dir, bitte ihn um ein Darlehen; dann wirst du ihn nicht mehr sehen. Kommt ein armer Mann zu dir, dann gib ihm ein Darlehen, dann wirst du auch ihn nicht mehr sehen!«

Es ist 1 Uhr nachts. Jankels Frau wacht auf und sieht, wie ihr Mann im Zimmer auf und ab geht.

»Kannst du nicht schlafen?«

»Du kennst doch unseren Nachbarn Schlojme, der im Haus gegenüber wohnt. Ich habe von ihm ein Darlehen von tausend Dollar, die ich morgen früh zurückgeben muß, und ich hab nicht das Geld. Ich weiß nicht, was ich tun soll.«

Die Frau geht aus dem Bett und öffnet das Fenster: »Schlojme!« ruft sie mehrere Male.

Endlich öffnet ein Mann mit verschlafenem Gesicht das gegenüberliegende Fenster und fragt: »Was ist?«

»Sie wissen, daß mein Mann Ihnen tausend Dollar schuldet? Er hat das Geld nicht!«

Sie schließt das Fenster und sagt zu ihrem Mann:

»Jetzt geh du schlafen und laß ihn im Zimmer auf- und abgehen!«

Markus Goldmann, Direktor einer kleinen Bank, trifft seinen Freund im Café.

Der Freund: »Du schaust so ernst aus, hast du Sorgen?«

»Kann man wohl sagen: Ich suche einen Kassierer.«

»Aber du hast doch erst vor zwei Wochen einen Kassierer eingestellt!«

»Eben den suche ich!«

Ein typisch jüdischer Fluch:

»Mögest du ein reicher Mann sein, der einzige reiche Mann in deiner Familie!«

Nachdem all seine Versuche, seine Familie auf ehrliche Weise zu ernähren, gescheitert sind, beschließt der arme Jankel, sich als Bandit zu betätigen. Er stellt sich am Scheideweg hin und wartet auf seinen ersten Klienten.

Da sieht er eine Gruppe Juden kommen, und als diese in seine Nähe gelangen, zieht er ein großes Messer und schreit: »Hände hoch!«

Alle befolgen seinen Befehl bis auf eine ältere Frau. Wütend schreit er sie an:

»Ich habe gesagt: Hände hoch!«

»Ich kann meine Hände nicht heben, mir tun die Arme weh!«

»Was?« sagt der Bandit, »du hast Schmerzen an den Armen? Komm zu mir nach Hause, ich habe eine Pomade, die dir gut tun wird!«

3.6 Schnorrer und Bankiers

Moische kommt zum jüdischen Rechtsanwalt Rosenblum und sagt:

»Sie müssen mir helfen, den Prozeß zu gewinnen, den ich morgen habe!«

»Wie lautet die Anklage?«

»Jankel fordert von mir 500 Mark, die ich mir voriges Jahr von ihm geborgt habe.«

»Hat er einen Wechsel von Ihnen?«

»Natürlich hat er.«

»Dann müssen Sie zahlen, es sei denn ...«

»Es sei denn?«

»Es sei denn, Sie spielen derart verrückt im Gericht, daß der Richter Sie wegen Unzurechnungsfähigkeit freisprechen muß.«

»Und wie soll ich das anstellen, was soll ich dem Richter sagen?«

»Sie geben auf seine Fragen blöde Antworten, da muß er Sie für verrückt halten!«

Am Tag darauf im Gericht sagt der Richter zu Moische: »Angeklagter, haben Sie sich bei dem Kläger 500 Mark geborgt?«

Moische: »Na und?«

Der Richter: »Dann müssen Sie die 500 Mark zurückzahlen!«

Moische lachend: »Was Sie nicht sagen!«

Der Richter: »Sie scheinen nicht gemerkt zu haben, daß Sie vor einem Richter stehen?«

Moische: »Na und?«

Der Richter: »Ich kann Sie zu drei Monaten Gefängnis verurteilen wegen Beleidigung des Gerichtes!«

Moische: »Was Sie nicht sagen!«

Der Richter resigniert: »Der Mann ist nicht normal.« (Zu Moische): »Sie können gehen, ich will Sie nie mehr sehen!«

Moische, hochzufrieden, ist im Begriff zu gehen, da kommt der Rechtsanwalt auf ihn zu, der bei der Verhandlung anwesend war, und sagt zu ihm:

»Sie sehen, Sie haben meinen Rat befolgt und sind freigesprochen worden!«

Moische: »Na und?«

Der Rechtsanwalt: »Sie schulden mir 100 Mark für Rechtsberatung!«

Moische (lachend): »Was Sie nicht sagen!«

Isaak Liebermann zu Jankel, dem Uhrmacher: »Jankel, vor zwei Wochen hast du meine Uhr repariert und mir versprochen, daß sie bis an mein Lebensende gehen wird, und nun ist sie stehengeblieben!«

»Nun ja, vor zwei Wochen hast du so schlecht ausgesehen!«

Seit einem Jahr schuldet Moische dem Jankel 1000 Zlotys, und alle vier schriftlichen Mahnungen sind unbeantwortet geblieben. Da entschließt sich Moische und schickt dem Jankel, der in einer anderen Stadt wohnt, ein Telegramm, das nur ein Wort enthält: »Nu?«

Prompt kommt die telegraphische Antwort: »Nu nu!«

Berl zu Schmerl: »Sag mal, was hat dem Kaminski gefehlt, daß er so plötzlich gestorben ist?«

Schmerl: »Das weiß keiner.«

Berl: »Merkwürdig! Solange er am Leben war, da wußte keiner, wovon er lebte; jetzt weiß keiner, wovon er gestorben ist!«

Moische bestellt bei Chaim, dem Schneider, eine Hose, und dieser verspricht ihm heilig, daß sie in zwei Wochen fertig ist. Es geht ein Monat vorbei, es gehen zwei Monate vorbei – die Hose ist noch immer nicht fertig. Nach drei Monaten platzt Moische die Geduld. Er geht zum Schneider und sagt:

»Drei Monate genügen dir nicht, um eine Hose zu

machen, und der Allmächtige hat diese ganze Welt in sechs Tagen erschaffen!«

Chaim: »So sieht die Welt auch aus!«

Jankel zu Moische: »Moische, borg mir hundert Mark!«

Moische gibt keine Antwort.

»Moische, ich bitte dich, borg mir hundert Mark!«

Moische antwortet noch immer nicht.

»Moische, du bist mir eine Antwort schuldig!«

Moische: »Lieber bin ich dir eine Antwort schuldig, als du mir hundert Mark!«

Jack Goldstein geht zur Manhattan Chase Bank und bittet um ein Darlehen von 100 Dollar für ein Jahr.

»Welche Garantien können Sie uns dafür geben?« fragt der Beamte. Goldstein nimmt aus seiner Aktentasche ein dickes Paket Wertpapiere und sagt:

»Reichen diese?«

Der Beamte schaut sich die Papiere an: Es sind echte »blue chips« im Wert von mindestens 50.000 Dollar!

»Selbstverständlich reicht es. Hier sind die 100 Dollar abzüglich 6 Dollar Zinsen für ein Jahr. In einem Jahr bringen Sie uns die 100 Dollar zurück und erhalten wieder Ihre Wertpapiere!«

Der Generaldirektor der Bank, der die Szene von seinem Schreibtisch aus beobachtet hat, ruft Goldsstein zu sich und sagt: »Können Sie mir erklären, warum ein Mann wie Sie, der Wertpapiere für 50.000 Dollar besitzt, ein Darlehen von 100 Dollar beantragt?«

»Die Sache ist ganz einfach: Zeigen Sie mir eine Bank in New York, die bereit ist, mir ein Safe für die Aufbewahrung meiner Wertpapiere für nur 6 Dollar im Jahr zu vermieten!« –

Ein Schnorrer will partout Baron Amschel Rothschild persönlich sprechen.

»Der Baron hat keine Zeit.«

»Auch nicht für ein Wort? Ich verspreche, ich werde ihm nur ein einziges Wort sagen!«

Der Sekretär geht und erzählt dem Baron, da sei ein Mann, der ihm nur ein einziges Wort sagen möchte. Der Baron ist neugierig und läßt bitten.

Der Schnorrer kommt herein, verneigt sich und sagt: »GEMARA!«

»Was bedeutet: GEMARA?« fragt der Baron.

»GEMARA« – das sind die Anfangsbuchstaben der vier Worte: Guten Morgen Rabbi Amschel!«

Der Baron lächelt und sagt: »Das war ein kluger Einfall, Sie können jetzt gehen!«

Der Schnorrer: »GEMARA!«

»Was bedeutet jetzt: GEMARA?«

»Gib Moos, Rabbi Amschel!«

Der Baron, amüsiert, nimmt aus seiner Geldbörse 500 Franken heraus und gibt sie dem Schnorrer.

Dieser wiederholt: GEMARA!«

»Was soll jetzt GEMARA bedeuten?« fragt der Baron:

»Gibt Mehr, Rabbi Amschel!«

Ein armer Jude, mit Baron Rothschild weit entfernt verwandt, wird vom Baron in seiner prächtigen Pariser Villa empfangen. Bei seiner Rückkehr ins galizische Städtchen will seine Frau wissen, ob der Baron wirklich so reich sei, wie über ihn erzählt wird.

»Ich sage dir«, berichtet der Mann, »das sind alles Legenden. Dem Baron geht es meiner Meinung nach finanziell nicht sehr gut!«

»Mann«, staunt die Frau, »woher weißt du das?«

»Ich habe es mit meinen Augen gesehen: Beide Töchter des Herrn Barons spielen gleichzeitig auf demselben Klavier!«

Zwei Brüder, mit Baron Rothschild verwandt, pflegen einmal im Jahr den Baron aufzusuchen, und jeder erhält dann von ihm 1000 Franken. Doch diesmal erscheint nur einer der beiden. Auf die Frage nach dem Verbleib des Bruders hört der Baron, der Bruder sei leider verstorben. Beim Abschied gibt ihm der Baron 1000 Franken.

»Und wo sind die 1000 Franken für meinen Bruder?«

Der Baron: »Sie sagten doch, er sei verstorben!«

»Na und, sind Sie sein Erbe?«

Der alte Baron Rothschild ist verstorben. Der Leichenzug ist lang. Die Teilnehmer bewahren vollkommene Stille. Nur ein alter, ärmlich gekleideter Jude schluchzt laut. Ein Journalist nähert sich dem Mann und fragt ihn:

»Sie trauern derart um den Baron. Waren Sie denn mit ihm verwandt?«

»Nein!«

»Warum weinen Sie denn so?«

»Eben darum!«

Der erste Baron Rothschild, der in ärmlichen Verhältnissen aufwuchs, fährt mit einem Taxi von seiner Bank nach Hause. Der Zähler zeigt 90 Francs, der Baron gibt dem Fahrer eine 100-Franc-Banknote und sagt: »Der Rest ist für Sie!«

Der Taxifahrer macht eine böse Miene und sagt:

»Mit Verlaub, Herr Baron, Ihr Sohn ist großzügiger mit dem Trinkgeld als Sie!«

»Kunststück«, erwidert der Baron, »er hat ja einen reichen Vater!« –

Ein Schnorrer pflegt jeden Monat eine bestimmte Summe von einem Juden zu erhalten. Eines Tages, als er wieder erscheint, um sich das Geld abzuholen, sagt ihm der Mann, es tue ihm leid, aber er könne ihm diesmal nichts geben. »Ich hatte letztens hohe Ausgaben. Meine Frau wurde sehr krank und ich mußte sie nach Karlsbad schicken, zur Kur. Dort ist es sehr kalt, und ich mußte ihr einen Pelzmantel kaufen.«

»Einen Pelzmantel?« fragt der Schnorrer erstaunt. »Von meinem Geld?«

Das versteht man unter »jüdische Chuzpe«: Ein Schnorrer mit Frau und sieben Kindern geht in ein elegantes Restaurant in Brooklyn.

Der Kellner: »Was wünschen Sie zu essen?«

»Mir wurde gesagt, in diesem Restaurant werden Brot und Senf gratis geboten!«

»Stimmt!«

»Dann bringen Sie uns bitte acht Portionen Brot und Senf!«

Der Kellner ist sprachlos, geht zum Boß und fragt ihn, wie er sich diesem unverschämten Mann gegenüber verhalten soll. Der Boß:

»Überlassen Sie es mir, ich werde mit dem Mann schon fertig!« Er geht zum Tisch hin, und bevor er ein Wort spricht, sagt zu ihm der Mann:

»Sind Sie etwa der Boss?«

»Ja.«

»Dann können Sie mir vielleicht erklären, warum es heute keine Musik gibt?«

Jankel, der Schnorrer, geht in ein jüdisches Restaurant in der Bronx und fragt den Kellner:

»Was kann ich essen für mein Geld?«

»Hier haben Sie die Speisekarte, Sie können alles bestellen, was darauf steht!«

Jankel bestellt eine volle Mahlzeit, ißt sie auf, und als
der Kellner ihm die Rechnung – 25 Dollar – präsentiert,
nimmt er einen Dollar aus seiner Tasche heraus und sagt:

»Ich habe Sie gefragt, was ich für mein Geld essen
kann – dieser Dollar ist mein ganzes Geld!«

Der Kellner ist sprachlos, geht zum Boß und erzählt
ihm die Geschichte. Der Boß geht zu Jankel und sagt:

»Ich werde nicht die Polizei rufen – unter der Bedingung, daß Sie zu meinem Konkurrenten im Restaurant
gegenüber gehen und das gleiche mit ihm machen!«

»Bedaure«, sagt Jankel, »aber dort war ich gestern, und
er hat mich zu Ihnen geschickt!«

Ein Wiener Schnorrer hat Herzprobleme und geht zum
teuersten Herz-Spezialisten in Wien, um sich untersuchen
zu lassen. Als dieser ihm seine Rechnung präsentiert, sagt
der Schnorrer, er besitze keinen einzigen Schilling.

Der Arzt: »Warum sind Sie dann ausgerechnet zum
teuersten Spezialisten in Wien gegangen?«

Der Schnorrer: »Wissen Sie, für meine Gesundheit ist
mir nichts zu teuer!«

»Warum haben Sie sich zum Christentum taufen lassen?«
fragte ein Mann Heinrich Heine.

»Ich konnte mich nicht an den Gedanken gewöhnen,
Baron Rothschilds Glauben teilen zu müssen, ohne an
seinem Vermögen Anteil zu haben!«

Seit geraumer Zeit hat sich ein Erdnüsseverkäufer gegenüber der Rothschildschen Bank etabliert. Eines Tages bittet ihn ein Bekannter um ein Darlehen.

Der Erdnüsseverkäufer: »Hättest du mich vor zwei Wochen angepumpt, hättest du das Geld von mir gekriegt. Inzwischen habe ich mit der Rothschild-Bank ein Abkommen getroffen: Sie verkauft keine Erdnüsse und ich gebe keine Darlehen!«

Einem Schnorrer gelingt es, einen reichen Mann zu überreden, ihm ein paar Dollar zu geben. Einige Minuten später sieht der Mann den Schnorrer in einem eleganten Restaurant eine Portion Lachs mit Beigel (Brezeln) essen. Der Mann geht auf ihn zu und fragt:
»Haben Sie von mir das Geld verlangt, um Lachs und Beignet zu essen?«
Der Schnorrer: »Schauen Sie, Mister: Habe ich kein Geld, kann ich nicht Lachs und Beigel essen. Habe ich Geld, darf ich nicht Lachs und Beigel essen. Wann soll ich denn Lachs und Beigel essen?«

Jankel, der Schnorrer, hat seiner Frau und seinen sieben Kindern versprochen, sie an einem Weekend zum Picknick im Freien einzuladen. Eines Tages macht er seinen Lastwagen sauber, setzt die Familie darauf und fährt los. Nach ungefähr fünfzig Meilen sehen sie einen gepflegten Park. Frau Goldstein sagt: »Oh, der schöne Park! Laß uns hier halten!«
Sie parken, setzen sich auf den herrlich gepflegten Rasen, packen ihre üppigen Lunchpakete aus – hartgekochte Eier, Brathähnchen, Oliven, Orangen, Äpfel, Chips, Coca-Cola-Flaschen. Eine Stunde später ist dieser Teil des Parks voller Orangenschalen, Hähnchenknochen, leerer Colaflaschen, Eierschalen. Da erscheint ein uniformierter Wächter und fragt:
»Was machen Sie da?«

»Wieso?« fragt Jankel, »man wird doch wohl in einer öffentlichen Parkanlage picknicken dürfen?«

»Dies ist keine öffentliche Anlage, dies ist ein exklusiver Golfklub! Hier zahlt man 3000 Dollar Aufnahmegebühr, 500 Dollar jährliche Mitgliedsgebühr. Der Klub gibt ein Vermögen aus, um die Wiese in gutem Zustand zu halten, und Sie kommen mit Ihren Picknickkörben und machen alles kaputt! Machen Sie, daß Sie wegkommen, sonst schlage ich Ihnen sämtliche Zähne aus!«

»Nur mit der Ruhe!« sagt Jankel. »Ist dies Ihre Art und Weise, neue Mitglieder anzuwerben?«

3.7 Neureiche und Angeber

Ein neureicher Jude kauft, um seinen Bekannten zu imponieren, einen Lincoln International und einen Rembrandt. Um die Mittagszeit ruft er seine Frau an:

»Harriet, ich habe einen Lincoln International und einen Rembrandt gekauft. Hat man sie schon geliefert?«

»Liebling, einer der beiden ist angekommen, ich weiß bloß nicht, welcher!«

Ein jüdisches Ehepaar macht eine Sightseeingtour in New York mit. Sie sehen Chinatown, Central Park, das Empire State Building, Fifth Avenue.

»Rechts«, sagt der Reiseleiter, »sehen Sie die Villa Vanderbilt.«

»Cornelius Vanderbilt?« fragt der Ehemann, der versucht, den anderen mit seiner Weltkenntnis zu imponieren.

»Nein, sondern William«, sagt der Reiseleiter. »Und hier sehen Sie die Villa Astor.«

»John Jacob Astor?«

»Nein, Vincent. Und hier ist die berühmte Christ Church«, sagt der Reiseleiter. Da zupft die Frau am Ärmel ihres Mannes und sagt:

»Seymour, bitte stell diesmal keine Frage, du wirst dich nochmals blamieren!«

Ein Spießbürger, der viel Geld gemacht hat, lädt seinen Freund ein, ihn in seinem neuen Appartement zu besuchen.

»Du wirst auch meine Gemäldesammlung bewundern können. Es sind dabei Werke von Renoir, Picasso, Chagall, Buffet, Mane Katz ...«

Der Freund kommt, und in der Tat: Er findet dort eine Reihe schöner Bilder. Als er sie von der Nähe betrachtet, sieht er, daß sie alle die Unterschrift »Lea« tragen.

»Aber wo sind die Picassos, Renoirs, Chagalls, von denen du mir erzählt hast?«

»Die sind vor deinen Augen. Nur vorsichtshalber habe ich alles auf den Namen meiner Frau umgeschrieben!«

New York. Die neureiche Frau Jacobson unterhält sich mit dem Sprachenlehrer:

»Ich möchte, daß Sie meiner Tochter eine Fremdsprache beibringen!«

»Welche Sprache, gnädige Frau? Soll es Französisch, Italienisch, Spanisch oder Russisch sein?«

»Welche von den vier ist die am meisten fremde?«

Das Ehepaar Stanley und Gertrude ist von East Bronx ins elegante Riverside Drive gezogen und geht in ein exklusives Einrichtungshaus in der Fifth Avenue, um für ihre Villa passende Möbel zu erstehen.

Der Verkäufer zeigt ihnen eine Schlafzimmersuite. »Dieses ist ein echtes Louis XIV. Schlafzimmer.«

Stanley ist dafür, die Möbel sofort zu kaufen, doch Gertrude betrachtet mißtrauisch die Breite und Länge der Betten.

»Es scheint mir ein wenig zu klein«, sagt sie zum Verkäufer. »Könnten Sie uns nicht einen Louis XV. oder gar XVI. zeigen?«

Eine jüdische Mutter geht in Brooklyn mit ihren zwei jungen Kindern spazieren. Ein Passant fragt die Mutter, wie alt ihre beiden Kinder wären.

»Der Arzt ist drei Jahre alt«, antwortet die Mutter, »und der Rechtsanwalt zwei.«

In Paris zu Besuch, beschließt die neureiche Frau Goldenberg aus Jerusalem, die Pariser Oper zu sehen. Sie nimmt ein Taxi und geht zum Schalter der Agentur.

»Ich möchte zwei Karten.«

»Für Madame Butterfly?«

»Nein, für Herrn und Frau Goldenberg!«

Eine Frau begegnet einer ihr bekannten reichen Dame, die einen Trauerflor trägt.

»Sie haben einen Ihrer Angehörigen verloren?«

»Ja, meinen Mann.«

»Wie traurig. Meine aufrichtige Anteilnahme.«

»Danke.«

»Es fällt Ihnen sicherlich schwer, sich alleine durch das Leben durchzuschlagen!«

»Finanziell hat mich mein seliger Mann gut versorgt. Er hat mir eine Million hinterlassen, so daß ich keine materiellen Sorgen habe.«

»Eine Million – ist das alles, was er besaß?«

»Nein, er hat eine zweite Million für die Bestattungs-
kosten gelassen.«

»Eine Million! Das mußte eine pompöse Beerdigung
gewesen sein!«

»Das war sie auch, und er hat eine weitere Million für
den Stein gelassen.«

»Eine Million für einen Stein! Das muß ein herrlicher
Stein sein!«

»Ist er auch« – und die Dame streckt dabei ihren Ring-
finger aus, auf dem ein 5-karätiger Diamant funkelt!

Jankel, dessen Ignoranz nur durch seine Chuzpe über-
troffen wird, beschließt, für den Posten des Bürgermeisters zu kandidieren. Sein Schwager, der ein Schriftsteller ist, bietet sich an, seine erste Ansprache zu schrei-
ben, die er im Rundfunk halten soll. Aber Jankel, der sich
selbst als Literat betrachtet, lehnt den Vorschlag entrüstet
ab.

Am nächsten Abend kommt Jankel atemlos von der
Rundfunksendung nach Hause.

»Hast du meine Rede im Radio gehört?« fragt er seinen
Schwager.

»Ja, ich habe sie gehört.«

»Was hältst du von ihr?« fragt Jankel besorgt. »Hätte ich
vielleicht mehr Feuer hineingeben sollen?«

»Nein«, sagt der Schwager, »du hättest nicht Feuer in
die Rede, sondern die Rede ins Feuer geben sollen!«

Ein Kantor (Synagogen-Vorbeter) prahlt vor seiner Gemeinde:

»Vor einem Jahr habe ich meine Stimme bei Lloyds in
London für 750.000 Dollar versichert!«

Eine respektvolle Stille folgt. Auf einmal erklingt die Stimme einer älteren Dame aus den hinteren Reihen:

»Und was haben Sie mit dem Geld gemacht?«

Albert Einstein wird bei einem Diner neben eine jüdische Dame gesetzt, die von Wissenschaft keine blasse Ahnung hat, jedoch mit dem großen Physiker ein intellektuelles Gespräch führen möchte.

»Können Sie mir den Unterschied erklären zwischen Zeit und Ewigkeit?«

Einstein: »Gnädige Frau, wenn ich meine gesamte Zeit dafür verwenden wollte, um Ihnen das zu erklären, würde es eine Ewigkeit dauern, bis Sie es begreifen!«

3.8 Sprachliche Probleme

Ein galizischer Jude reist zum ersten Mal nach Wien. Er will einen Bekannten in Graz besuchen und fragt am Schalter im Hauptbahnhof:

»Was kostet a Billet kajn Graz?«

»Zwölf Kronen.«

»Ich gib acht!« sagt der galizische Jude.

»Was, glauben Sie, Sie sind auf dem Markt in Lemberg? Hier sind die Preise fest, hier können Sie nicht feilschen!«

»Saji nischt asoj stolz, es sajnen noch du sechs andere Schalter, ich wel dort'n probieren!« Nachdem er vergebens versucht hat, bei den restlichen Schaltern eine Fahrkarte nach Graz für acht Kronen zu bekommen, sagt er:

»Ob asoj (wenn es so ist), geh ich zu Fuß kajn Graz!« und fängt an, auf den Gleisen zu gehen. Da schreit ein Bahnschaffner:

»Geben Sie acht!«

Da dreht sich der galizische Jude um und sagt:

»Jetzt willt ihr schojn nehmen bei mir acht? Nein, jetzt gib ich nischt amol sieben Kronen, jetzt geh ich zu Fuß!«

Ein zweiter galizischer Jude überlegt am Wiener Bahnhof, ob er nach Willach oder nach Klagenfurt fahren soll. Da fragt ihn der Mann am Schalter:

»Also, haben Sie sich endlich entschlossen? Wollen Sie Willach oder Klagenfurt?«

»Will-ech (ich) Klagenfurt!«

»Mein lieber Mann, Sie können nicht beides haben. Entweder wollen Sie Willach oder Sie wollen Klagenfurt!«

»Hört zu! Will-ech Willach – will-ech Willach: will-ech Klagenfurt – will-ech Klagenfurt; will-ech Klagenfurt!«

1920. Im Zug von Wien nach Graz, in einem Abteil der ersten Klasse, sitzt ein pensionierter General der österreichischen Armee in Zivil. Er trägt am Revers seines Jacketts das militärische Verdienstkreuz. Auf einer der nächsten Stationen steigt ins gleiche Abteil ein galizischer Jude ein, und der General sieht zu seiner Verblüffung, daß der Jude das gleiche Verdienstkreuz am Revers trägt. Auf seine Frage, wie dieser zu einem solchen Orden komme, antwortet der Jude auf Jiddisch:

»Ich hob geliefert Wajzen far dem Militär, hot men mir dus gegeben! Und wus hot ihr geliefert?« (Ich habe Weizen für das Militär geliefert. Und was haben Sie geliefert?) fragt er den General.

Dieser stolz: »Ich habe Schlachten geliefert!«

»Un wus majnt ihr, ich hob giten geliefert?« (Und meinen Sie, ich hätte guten geliefert?)

Zur Kaiserzeit in Preußen sitzt Minister von Breitenbach

in einem Zugabteil der 1. Klasse. Auf der Bank gegenüber sitzt ein Jude, der brennend interessiert ist zu wissen, welchen Beruf sein vornehmer Nachbar ausübt. Dieser weicht jedoch allen indirekten Fragen aus. Schließlich
kann der jüdische Reisende seine Neugier nicht mehr
zähmen und sagt zum Minister:

»Ich reise für Salmanowitz und Grünblatt. Und für wen
reisen Sie, wenn ich fragen darf?«

Der Minister: »Für Kaiser und Reich!«

»Für Kaiser und Reich? Nie von dieser Firma gehört,
aber dem Namen nach ist sie bestimmt eine jüdische. Da
sind wir also Kollegen! Gratuliere!«

In einem Abteil im Zug von Wien nach Marienbad sitzen
zwei ältere Österreicher und unterhalten sich.

»Ich bin Vegetarier«, sagt der eine.

»Und ich bin Abstinenzler«, sagt der zweite.

»Und was sind Sie?« fragen sie den dritten Mann im
Abteil, einen galizischen Juden.

»Ich bin ein Reisender in der Textilbranche.«

»Nicht das haben wir gemeint: Wir möchten wissen,
wie Sie gesinnt sind?«

»Wenn ich bin gesint (gesund), fuhr ich doch nischt
kajn Marienbad!«

Zwei galizische Juden besuchen Wien und schlendern
durch die Kärtner Straße. Sie bleiben beim Theater stehen, wo ein großes Schild ankündigt: »Heute abend spielen wir ›Hamlet oder der Prinz von Dänemark‹« Da sagt
Mojsche zu Jankel:

»Merkwürdig, diese Wiener Schauspieler: Am Nachmittag haben die noch nicht beschlossen, was sie am
Abend spielen werden!« –

Die gleichen zwei Galizianer gehen weiter und sehen ein Schild: »Maniküre«. Sagt Mojsche zu Jankel:

»Geh' du rein und sieh, was dort geboten wird!«

Jankel geht hinein, kommt nach einer halben Stunde raus, ganz verwirrt.

»Was war da los?«

»Frag' nicht! Man hat mir sämtliche Fingernägel abgeschnitten und dafür 10 Kronen abgeknöpft!«

Sie gehen weiter, da steht ein Schild »Pediküre«.

»Jetzt gehst du rein!« sagt Jankel zu Mojsche.

Der geht hinein und kommt nach einer halben Stunde raus, ebenfalls verwirrt.

»Was haben die mit dir gemacht?«

»Frag' nicht: Sie haben mir sämtliche Zehen von den Füßen abgeschnitten und mir dafür 15 Kronen abgeknöpft!«

Sie gehen weiter und sehen ein Schild »Die Walküre«. Da sagt Mojsche:

»Da gehen wir lieber nicht hinein, wer weiß, was man uns da abschneiden wird!«

Ein galizisches Ehepaar besucht zum ersten Mal Wien und geht ins Museum, wo gerade abstrakte Malerei ausgestellt wird. Bei einem Gemälde bleiben beide stehen, verwirrt.

»Dus is a Landschaft!« sagt die Frau.

»Nein, dus is a Portrait!« sagt der Mann. Um die Diskussion zu beenden, beschließen sie, im Katalog nachzuschauen.

»Wos hob ich gesugt«, sagt der Mann triumphierend. »Es is a Portrait, du schtejt es: ›Mandelbaum in Italien‹!« –

Eine jüdische Frau, die in einer deutschen Stadt wohnt, reicht beim Amtsgericht die Scheidung von ihrem Mann ein. Er hat sie verlassen und weigert sich zu zahlen.

Ihr jüdischer Rechtsanwalt trägt den Fall dem Richter vor und schließt sein Plädoyer mit folgenden Worten:

»Euer Ehren, das Benehmen dieses Mannes ist einer Frau unzumutbar: er trinkt wie Lot, sündigt wie Haman und flucht wie Balaam!«

»Die Scheidung wird hiermit ausgesprochen«, verkündigt der Richter, »und was die vom Rechtsanwalt genannten gefährlichen Kollegen des Ehegatten betrifft, so werden sie, falls sie gefaßt werden, vor Gericht gebracht und entsprechend bestraft.«

Ein jüdisches Mädchen, das an der Universität Kunstgeschichte studiert, geht nach Italien, um dort die großen Kunstwerke zu sehen. Da niemand in New York ist, der nach der Großmutter schauen kann, nimmt sie diese mit. In der Sixtinischen Kapelle im Vatikan zeigt das Mädchen auf die Decke.

»Oma, beim Michelangelo hat es vier volle Jahre gedauert, bis diese Decke fertiggemalt wurde.«

»Oh, mein Gott! Anscheinend haben er und ich denselben Hausbesitzer!«

Grammatikstunde in der deutschen Grundschule in Lemberg. Der Lehrer fragt:

»Wie viele Artikel gibt es?«

Moischele: »Zwei, Herr Lehrer!«

»Wieso nur zwei? Wer hat so was behauptet?«

»Mein Vater, der ist Gemischtwarenhändler, und er sagt immer, daß es zwei Artikel gibt: die, die gehen und die, die nicht gehen!« –

Jackie kommt eines Tages nach Hause und sieht die Mutter in einem neuen Nerzmantel.

»Mami, das arme Tier muß schrecklich gelitten haben, nur damit du einen Nerzmantel tragen kannst!«

»Aber Jackie! Wie kannst du so respektlos von deinem Vater sprechen!«

»Wie ist unsere Goldie in der Schule?« fragt der Vater seine Frau.

»Ich wollte es dir nicht sagen, aber ihr Lehrer für Erdkunde hat sie gestern bestraft, weil sie vergessen hatte, wo die Dardanellen sind.«

»Oh, dieses Mädchen! Vorige Woche vergaß sie, wo Gibraltar ist, diese Woche, wo die Dardanellen sind. Ich habe ihr schon hundert Mal gesagt: Goldie, merke dir, wo du deine Sachen hinlegst!«

3. 9 Sparsamkeit und Geiz

Moische Abramowitz will seinen Bruder Jankel telegrafisch zur Hochzeit seines Sohnes einladen. Er schreibt:

»Jankel Abramowitz, Nowolipki Straße 21, Lemberg. Komm morgen zur Hochzeit meines Sohnes! Dein Bruder Moische.«

Als er am Postschalter erfährt, wieviel jedes Wort kostet, fängt er an zu streichen: »Komm« ist überflüssig, denn wozu telegrafiert er, etwa damit er zu Hause bleiben soll? »Meines Sohnes« ist überflüssig, denn sein Bruder weiß ja, daß er nur einen Sohn hat. Bleibt also nur: »morgen zur Hochzeit. Dein Bruder Moische«. Eigentlich kann er doch »zur Hochzeit« streichen, denn was feiert man bei einem 24jährigen Sohn? Etwa die Beschneidung oder die Bar-Mizwa? Und auch »morgen« kann man streichen, denn wenn es später sein sollte, würde er doch kein Telegramm schicken! Und wozu »Dein Bruder Moische«? Sein Bruder kennt ja seinen Namen, und mehr als den einen Bruder hat er doch nicht! Und die Adresse »Jankel Abramowitz, Lemberg« ist doch völlig überflüssig, denn wer schickt schon ein Telegramm ohne jeglichen Text? Und stolz präsentiert er dem verblüfften Postbeamten ein leeres Formular ...

Jack Rosenthal sagt am Bahnhofschalter:
»Eine Karte nach Springfield, aber schnell bitte, mein Bruder ist verstorben.«
»Welches Springfield wollen Sie? Springfield – Ohio, oder Springfield – Illinois, oder Springfield – Pennsylvania?«
Jack Rosenthal wischt sich eine Träne ab:
»Welche ist die billigste von den dreien?«

Motke wettet mit seinem Freund Jankel, daß er im Restaurant eine Portion Blintzes (Pfannkuchen) essen und keinen Groschen bezahlen wird. Er geht hinein und bestellt eine Portion Latkes (Kartoffelpuffer). Als der Kellner ihm diese bringt, sagt Motke zu ihm:
»Ich habe es mir überlegt und möchte lieber Blintzes.«
Der Kellner nimmt die Latkes wieder mit und kommt nach ein paar Minuten mit einer Portion Blintzes wieder. Motke ißt die Blintzes mit Genuß, steht auf und will gehen. Der Kellner sagt zu ihm:
»Entschuldigen Sie, aber Sie haben die Blintzes noch nicht bezahlt!«
»Ich habe doch Ihnen im Austausch für die Blintzes die Latkes gegeben!«

»Aber Sie haben auch für die Latkes nicht bezahlt!«

»Warum sollte ich? Ich habe doch die Latkes nicht gegessen!«

In den Sommerferien mietet ein jüdisches Ehepaar eine Ferienwohnung an der Riviera für einen Monat. Ein ihnen flüchtig bekannter Jude aus Paris kommt zu Besuch, wird herzlich aufgenommen in der Annahme, daß er nach ein, zwei Tagen wieder gehen wird.

Weit gefehlt! Es geht eine Woche vorbei, es geht eine zweite, und der Mann ist noch immer da und macht keinerlei Anstalten abzureisen. Das Ehepaar beschließt, ihm auf eine vornehme Art die Tür zu weisen: Sie werden morgen heftig miteinander streiten, er wird sich einmischen und einem der Ehepartner Recht geben. Damit bietet er dem anderen die willkommene Gelegenheit, ihm die Tür zu weisen.

Am darauffolgenden Tag beginnen die zwei während des Mittagessens zu streiten. Man beschimpft sich einander, man schreit.

Der Gast, gelassen, ißt ruhig weiter, als ob nichts passiert wäre. Der Hausherr schreit:

»Wie können Sie ruhig bleiben, wenn meine Frau mich derart beschimpft!«

Der Gast: »Da ich die Absicht habe, noch zwei Wochen bei Euch zu bleiben, will ich mich nicht in Euer Gezänk einmischen!«

Jankel und Motel sind zum Diner bei einem älteren Ehepaar eingeladen, das seine Goldene Hochzeit begeht, und es ist Brauch, daß jeder Gast dem Ehepaar ein Geschenk aus Gold bringt.

Motel zu Jankel: »Laß uns überlegen – was könnte

man bringen, das von Gold ist und dennoch nicht allzu viel kostet!«

Jankel: »Jeder überlegt für sich!«

Es kommt der große Tag. Motel erscheint, geht zum Ehepaar und sagt:

»Anläßlich eurer Goldenen Hochzeit habe ich euch ein goldenes Präsent mitgebracht«, und übergibt ihnen eine ... Schachtel Zigaretten, Marke GOLD FLAKE!

Motel reibt sich die Hände und denkt: Was kann schon Jankel bringen, was billiger ist als eine Schachtel Zigaretten! Er irrt sich: Jankel erscheint mit noch einem Herrn, geht zum Ehepaar und sagt:

»Anläßlich eurer Goldenen Hochzeit habe ich euch meinen Schwager GOLDBERG mitgebracht!«

Ein Jude geht ins Restaurant und fragt, was es zu essen gäbe. Der Wirt bietet ihm eine Portion Rindfleisch an und bringt ihm einen Teller, auf dem ein winziges Stück Fleisch liegt. Der Gast schaut den Teller an und beginnt zu weinen.

»Warum weinen Sie?« fragt der Wirt erstaunt.

»Es kommen mir die Tränen, wenn ich daran denke, daß man für ein derart winziges Häppchen einen ganzen Ochsen geschlachtet hat!«

Der Fahrer eines New-Yorker Busses bemerkt, als er über die Brooklyn Brücke fährt, daß der bärtige Jude, der in der hintersten Reihe sitzt, seine Fahrkarte noch immer nicht gelöst hat.

»Hey, Mister«, ruft er dem Mann zu, »Sie schulden mir 20 Cents für die Fahrkarte!«

»Ich gebe Ihnen 10 Cents und nicht mehr!«

»Mister, die Preise sind seit einem Jahr gestiegen.

Machen Sie keine Geschichten, ansonsten rufe ich den Kontrolleur!«

»Sie kriegen von mir 10 Cents und keinen Cent mehr!«

Der Fahrer ruft per Funk den Kontrolleur, dieser packt den Koffer, der neben dem bärtigen Juden steht, und schmeißt den Koffer aus dem offenen Fenster in den Hudson River, der unter der Brücke fließt.

»Oj gewalt!« schreit der Mann, »nicht genug, daß ihr Wucherpreise für die Fahrt nehmt; jetzt habt ihr meinen unschuldigen Enkelsohn in den Fluß geworfen!«

3. 10 Ärzte und Patienten

Der Arzt ruft seinen Patienten Jankel an:

»Verzeihung, aber Ihr Scheck, mit dem Sie meine Rechnung beglichen haben, ist zurückgekommen!«

Jankel: »Die Rheumaschmerzen auch, da sind wir quitt!«

Auf die Frage des Arztes, welche Beschwerden sie habe, antwortet Scheindel, die Frau des arrivierten Herrn Finkelstein, die mit ihrer gewählten Sprache Eindruck machen möchte:

»Die Gabeln (zeigt dabei auf ihre Finger) arbeiten nicht mehr wie früher, auch der Teller (zeigt auf ihr Herz) hat einen Sprung bekommen!«

Der Arzt: »Ich fürchte, das ganze Service ist kaputt!«

Es ist ein für Israel ungewöhnlich kalter Januar. Ein Tel Aviver sucht seinen Arzt auf:

»Herr Doktor, ich habe eine schwere Erkältung und in drei Tagen muß ich nach London reisen. Was raten Sie mir?«

Der Arzt überlegt und sagt dann: »Heute nacht legen Sie sich auf dem Balkon schlafen, ganz nackt.«

»Herr Doktor, aber ich werde mir dabei eine Lungenentzündung holen!«

»Eben! Es gibt keine gründliche Therapie für eine Erkältung, hingegen für eine Lungenentzündung habe ich mehrere!«

Berl holt den Arzt zu seiner Frau, die über heftige Schmerzen klagt. Der Arzt steckt der Frau ein Thermometer in den Mund, und die ansonsten sehr geschwätzige Frau ist ein paar Minuten stumm.

Berl: »Wo kann ich ein derart wunderbares Instrument kaufen?«

Ein Arzt begegnet auf der Straße einer seiner Patientinnen, lüftet seinen Hut und geht weiter. Die Patientin ruft:

»Herr Doktor!«

Der Arzt kehrt um und geht auf die Dame zu.

»Herr Doktor, ich begreife es nicht! Sie gehen an mir vorbei und fragen mich nicht, wie es mir geht?«

»Wie geht es Ihnen?«

»Fragen Sie nicht!«

Der junge jüdische Arzt war im ersten Jahr seines Praktikums als Orthopäde, glaubte jedoch, mehr von Medizin zu verstehen als seine älteren Kollegen. Am besagten Frühmorgen begab er sich auf die Station E, wo zwei Patienten lagen, die beide wegen einer verletzten Schulter in der Klinik lagen.

Der angehende Orthopäde untersuchte den ersten Patienten, zog an der Schulter, drehte sie hin und zurück, bis der Patient vor Schmerz schrie. Dann wandte er sich dem zweiten Patienten zu und wiederholte seine Tortur; aber der zweite Patient gab keinen einzigen Laut von sich.

Nachdem der junge Arzt die Station verlassen hatte, sagte der erste Patient zum zweiten:

»Ich bewundere Sie! Woher nahmen Sie die Courage, derart heftige Schmerzen, die der Arzt Ihnen zufügte, ohne einen Seufzer zu ertragen?«

»Courage? Wer hat Courage? Ich habe lediglich meinen jüdischen ›sejchel‹ benutzt!«

»Was meinen Sie mit dem Wort ›sejchel‹?«

»Das ist die Vernunft. Nachdem ich gesehen hatte, was dieser Sadist Ihnen antat, war ich doch nicht so blöd, ihm zu gestatten, meine kranke Schulter zu berühren. Ich habe ihm die andere gereicht!«

Chaskel Schochet war ein orthodoxer Jude. Als sein Arzt ihn zur Operation ins Krankenhaus schickte, nahm er seinen Tallit, den Gebetsumhang, und seine Tefillin, die Gebetsriemen, mit. Am nächsten Morgen stand Chaskel früh auf und band seine Tefillin um Arm und Stirn.

Ein irischer Patient, der im benachbarten Bett lag, schaute ihm erstaunt zu:

»Nicht umsonst sagt man, daß die Juden schnell von Begriff sind! Schaut euch diesen Juden an: Kaum ein Tag im Krankenhaus, mißt er sich bereits selber den Blutdruck!«

Der Arzt: »Sie brauchen sich keine Sorgen zu machen, Mr. Epstein, Sie werden mit Sicherheit 65 Jahre alt werden!«

Der Patient: »Aber Herr Doktor, ich bin 65!«

Der Doktor: »Da sehen Sie, daß ich Sie nicht belogen habe!« –

Der Patient war am Rande eines Nervenzusammenbruchs, und der Psychiater bat ihn, sich auf die Couch zu legen.

»Darf ich rauchen?«

»Selbstverständlich.«

Der Arzt wartete, bis der Patient bequem lag, und fragte: »Wie viele Päckchen Zigaretten rauchen Sie pro Tag?«

»Drei.«

»Hören Sie sofort auf mit dem Rauchen! Und ich meine sofort, jetzt!«

»Also, Sie glauben, daß mein Nervenleiden vom Rauchen kommt?«

»Das nicht, aber mit Ihrer Zigarette brennen Sie gerade ein Loch in meine Couch!«

Moische Finkelstein ist ein erfolgreicher Geschäftsmann, geizt jedoch mit seinem Geld. Eines Tages blieb ihm beim Fischessen eine Gräte im Hals stecken: Er konnte sie weder herunterschlucken, noch ausspucken und kam in Atemnot. Seine Frau rief sofort den Hausarzt, dem es gelang, mit einer Pinzette die Gräte zu entfernen.

Nachdem er sich etwas erholt hatte und wieder normal atmen konnte, bedankte sich Moische Finkelstein beim Arzt überschwenglich. Dann fragte er ihn:

»Wieviel bin ich Ihnen für die zwei Minuten Arbeit schuldig?«

Der Arzt, der den Geiz seines Patienten kannte, erwiderte: »Ich werde Ihnen keine Summe nennen: Sie zahlen mir nur die Hälfte von dem, was Sie bereit gewesen wären zu zahlen, als die Gräte noch in Ihrem Hals steckte!« –

Der junge Dr. Leibowitz, dessen erste Praxis im New Yorker Armenviertel Lower East Side war, wurde eines Tages zu einem bettelarmen jüdischen Mann gerufen, der schwer erkrankt war. Der Arzt untersuchte ihn, verschrieb ein Medikament und hinterließ auf dem Nachttisch des Patienten einen 20-Dollar-Schein.

Am nächsten Frühmorgen klingelte bei Dr. Leibowitz das Telefon. Es war der arme Patient, der sich bei ihm für seine generöse Geste bedanken wollte.

»Dank Ihrer Großzügigkeit kann ich mir jetzt endlich leisten, einen Spezialisten zu holen!«

Jankel Rabinowitsch hat so viel Geld gespart, daß er das Flugticket nach Amerika bezahlen kann, wo er einen Cousin hat, der vor Jahren dorthin ausgewandert ist.

Mit Bedauern stellt er fest, daß der Cousin krank im Bett liegt. Auf die Frage, was ihm fehle, sagt der Cousin:

»Ich weiß es nicht. Die Ärzte haben hier für jede Krankheit phantasievolle Namen. Alles, was ich weiß, ist, daß ich seit zwei Monaten im Bett liege und daß es mich bisher bereits 500 Dollar an Arzthonorar gekostet hat.«

»Mein Gott, 500 Dollar! Bei uns in Odessa könntest du für das Geld ein ganzes Jahr krank sein!«

Eine jüdische Frau bekommt Wehen, und der Ehemann bringt sie in die Entbindungsklinik. Die ganze Nacht hört er, wie seine Frau sich windet und schluchzt vor Schmerz. Er ist am Rande eines Nervenzusammenbruchs, als der Arzt herauskommt und ihm gratuliert:

»Es ist ein Mädchen!«

»Gott sei dank! Sie wird niemals das durchmachen müssen, was wir Männer bei einer Geburt erleben!«

3. 11 Juden im Militär

1914. Im zaristischen Rußland werden nach Ausbruch des Ersten Weltkrieges die Jeschiwa-Bachurim, die Studenten der Talmudhochschulen, eingezogen zum Militär und zur Front geschickt.

Der Offizier gibt den Befehl: »Schießen!«

Kein Schuß wird abgefeuert.

»Schießen, hab' ich gesagt!«

Kein Schuß.

»Warum schießt Ihr nicht?« brüllt der Offizier.

»Weil Leute kommen, die könnten – Gott behüte – verletzt werden!«

Im 1. Weltkrieg kämpften Juden auf beiden Seiten der Front. Auf der österreichischen Seite verspricht der Offizier jedem Soldaten, dem es gelänge, feindliche Soldaten gefangen zu nehmen, eine Medaille für jeden Gefangenen.

Moische Goldbaum geht zur ersten Frontlinie, und kurz danach erscheint er mit 9 feindlichen Soldaten! Als der staunende Offizier ihn fragt, wie er dieses Bravourstück geschafft hat, erklärt Moische:

»Ganz einfach: Ich bin zur Front und hab' geschrien: Hört zu, die Juden unter euch! Ich hab' heute Jahrzeit nach meinem Vater und brauche einen Minjan, um ›Kaddisch‹ sagen zu können!«

Zum Verständnis: Am Jahrestag des Todes einer der Eltern ist es Pflicht, ein Totengebet in Anwesenheit von 10 Männern zu sprechen. »Minjan«, die »Zahl«, meint die vorschriftsmäßige Zahl von 10 Männern, die notwendig ist, um ein gemeinsames Gebet zu verrichten. Kaddisch ist das Totengebet. –

Ein junger Chassid, der zur zaristischen Armee eingezogen wurde und vor der ärztlichen Kommission erscheinen muß, die über die Tauglichkeit der neuen Rekruten befinden soll, beschließt, sich verrückt zu stellen, um befreit zu werden. Als er in das Zimmer kommt, kriecht er auf allen vieren, hebt jeden Zettel auf, der auf dem Boden liegt und betrachtet ihn. Auf die Frage des Arztes, was er auf dem Boden suche, gibt der Rekrut keine Antwort. Der Arzt sieht, daß er es mit einem Verrückten zu tun hat, stellt ihm ein Untauglichkeitszeugnis aus und übergibt es dem Rekruten. Dieser nimmt den Zettel, liest ihn und sagt zu dem Arzt:

»Jetzt kann ich es Ihnen verraten: Genau dies ist der Zettel, den ich gesucht hatte!«

Während des japanisch-russischen Krieges befinden sich in einem Schützengraben in der vordersten Frontlinie zwölf russische Soldaten, unter ihnen ein Jude. Der Offizier schlägt ihnen folgendes vor:

»Mir wurde soeben mitgeteilt, daß die uns gegenüberliegende feindliche Stellung von zwölf Japanern gehalten wird. Wir greifen sie jetzt an, und jeder von euch erledigt einen Japaner. Gelingt es uns, die Stellung zu erobern, habt ihr Anspruch auf einen Sonderurlaub.«

Ein mit einem riesigen Schnurrbart geschmückter Kosake kommt nach vorn und sagt:

»Herr Offizier, ich übernehme es, zwei Japaner zu liquidieren!«

Der kleine jüdische Soldat legt sein Gewehr nieder und sagt:

»Unter diesen Umständen werde ich ja nicht mehr gebraucht!« –

Es passierte während des französisch-russischen Krieges, als Napoleon Bonaparte mit seinen Truppen durch Rußland zog. Eines Tages war Jankel, der »Melamed« (Lehrer), auf dem Weg vom Brunnen nach Hause, da sah er, wie sich eine Kompanie russischer Soldaten dem Brunnen näherte. Nun weiß jeder Ostjude, daß, wer einem Mann mit einem vollen Eimer Wasser begegnet, vom Glück gesegnet wird. Umgekehrt – begegnet er einem Mann mit leerem Eimer, werde ihm dies Unglück bringen.

Nun hatten die Juden im zaristischen Rußland keinen Grund, dies Land zu lieben. Andererseits hatte es sich in den jüdischen Kreisen herumgesprochen, daß Napoleon zu den Juden eine wohlwollende Beziehung hatte. Darum beschloß der Melamed, seinen vollen Eimer Wasser vor der Begegnung mit den russischen Soldaten auszuschütten, damit die zaristische Armee ihren Kampf mit den Franzosen verlor. Als er mit dem leeren Eimer nach Hause kam und die Frau ihn fragte, warum er kein Wasser gebracht hätte, erklärte er ihr die militärische Bedeutung seiner Aktion. Da schrie die Frau:

»Du verwegener Mensch! Wenn zwei der mächtigsten Nationen der Welt einen Streit unter sich haben, wagst du es, dich einzumischen!«

Der Vietnamkrieg wütete an allen Fronten. Der Feldwebel sammelte seine isolierte Soldatengruppe und brüllte:

»Die Zeit ist gekommen, wir greifen die Vietcong an! Macht eure Bajonette bereit, jetzt geht es Mann gegen Mann!«

Gefreiter Silbermann hob seine Hand.

»Was ist?«

»Sie sagten, es geht jetzt Mann gegen Mann?«

»Ja, hast du doch gehört!«

»Dann habe ich eine Bitte: Zeigen Sie mir doch den Mann, gegen den ich kämpfen soll; vielleicht können wir uns friedlich einigen!«

Während der Invasion Europas im Zweiten Weltkrieg rettete ein amerikanisch-jüdischer Soldat das Leben des Oberkommandierenden Generals Dwight D. Eisenhower.

»Du bist ein tapferer junger Mann«, rief der General freudig aus. »Wenn ich etwas für dich tun kann, sag es nur!«

»Danke, Sir. Ich wäre Ihnen dankbar, wenn Sie mich in eine andere Kompanie versetzen würden!«

»Warum das?«

»Weil mein Feldwebel keine Juden mag.«

»Mein Gott!« rief der General aus, »Du hättest mich bitten können, dich zum Feldwebel zu befördern! Warum hast du es nicht getan?«

»Es ist nämlich so«, erklärte der Gefreite. »Der Feldwebel mag keine jüdischen Gefreiten. Der Leutnant mag keine jüdischen Feldwebel. Der Oberleutnant mag keine jüdischen Leutnants. Der Major mag keine jüdischen Oberleutnants. Der Oberst mag keine jüdischen Majore. Der Oberst mag keine ... Bitte, Herr General, warum tun Sie nicht das, worum ich Sie bitte, und versetzen mich in eine andere Kompanie?«

Eine Gruppe Talmud-Studenten stand am Bahnhof eines Städtchens im zaristischen Rußland, als zwei Militärzüge aus entgegengesetzten Seiten eintrafen. Im einen waren Soldaten mit grauen Hosen, im anderen Soldaten mit roten Hosen.

»Die Soldaten mit den grauen Hosen werden von Warschau nach Moskau versetzt«, erklärte einer der Studenten, »die mit den roten Hosen von Moskau nach Warschau.«

»Ich begreife nicht, warum der Zar diese ganzen Umstände macht. Wäre es nicht einfacher, nur die Hosen zu transportieren? Die roten Hosen nach Warschau und die grauen Hosen nach Moskau, und die Soldaten würden bleiben, wo sie sind?«

»Sei doch nicht blöd! Wenn man es so machen würde, wie du vorschlägst, was würden die Soldaten tragen, während ihre Hosen mit dem Zug unterwegs sind?«

Als der Krieg in Vietnam tobte, gab ein Instrukteur der Saigoner Militärpolizei einer Gruppe Rekruten Unterricht in Angriff- und Verteidigungstaktiken. Nach Erörterung verschiedener Notsituationen fragte er den Gefreiten Kaplan:

»Nehmen wir an, Sie sind allein im Dschungel und ein Vietcong-Guerilla springt aus dem Gebüsch und hat ein großes Messer in der Hand. Welche Schritte würden Sie unternehmen?«

»Große, sehr große!« antwortet Gefreiter Kaplan.

Im Ersten Weltkrieg, im Jahre 1917, desertierte ein junger jüdischer Rekrut aus seiner russischen Einheit. Er wurde gefaßt und vor den Oberst gebracht.

»Du bist ein Feigling, ein Verräter! Nur ein Verräter ist imstande, so was Beschämendes seinem Vaterland anzutun!«

»Ich hatte nicht die Absicht, Verrat zu üben. Ich bin nur weggerannt, weil ich den Feind so sehr hasse, daß ich ihn nicht sehen kann!«

3.12 Vermischtes

Der weltberühmte jüdische Maler Max Liebermann wird von einem ehrgeizigen jungen Juden gefragt:

»Ich gebe mich sowohl mit Malerei als auch mit Dichtung ab. Soll ich Ihrer Meinung nach malen oder dichten?«

»Ich würde sagen: dichten!« sagt Max Liebermann.

»Haben Sie denn je eines meiner Gedichte gelesen?«

»Nein, aber ich habe einige von Ihren Bildern gesehen.«

Bei einer Unterhaltung zwischen Albert Einstein und Charlie Chaplin sagte der große Physiker zum weltberühmten Komiker:

»Was ich an Ihrer Kunst am meisten bewundere, ist ihre Internationalität. Die ganze Welt versteht Sie!«

»Das stimmt«, erwiderte Chaplin. »Dennoch ist Ihr Ruhm noch außergewöhnlicher als der meinige, denn die ganze Welt verehrt Sie, und kein Mensch versteht Sie!«

»Jankel, du bist doch in diesen Dingen mehr bewandert, kannst du mir erklären, wie ein Telegraf funktioniert? Ich kann nicht begreifen, wie man durch einen Draht Worte befördert!«

»Ich will es dir zu erklären versuchen, mittels eines Beispiels: Stell dir einen riesigen Hund vor, dessen Kopf in Kowno ist und dessen Schwanz in Wilna. Wenn jemand auf den Schwanz in Wilna tritt, bellt der Hund in Kowno. Das gleiche ist mit dem Telegrafendraht!«

»Ich begreife jetzt, wie der Drahttelegraf funktioniert; aber wie erklärst du den drahtlosen Telegraf?«

»Das ist genau das gleiche, nur ohne den Hund!« –

Man schreibt das Jahr 1980. Der iranisch-irakische Krieg tobt. Der Gemeinderabbiner wird von einem Journalisten gefragt, was die Juden über diesen Krieg dächten.

»Wir wünschen beiden Seiten Erfolg!«

1932. Moische Pomerantz aus Polen besucht seinen Cousin in London. Dieser macht mit ihm eine Rundfahrt durch die Stadt. Als sie durch das Stadtviertel Mayfair fahren, bewundert der Gast die herrlichen Villen und sagt zum Cousin:

»In einem solchen Haus hätte ich gerne gewohnt!«

Sie kommen zum Buckingham Palast, doch diesmal sagt der Gast kein Wort. Der Cousin fragt ihn:

»Und hier würdest du nicht wohnen wollen?«

»Natürlich nicht, schon wegen der Mesusot (Behälter mit Pergamenträllchen, die an allen Wohnungstüren befestigt werden), die würden doch alleine ein Vermögen kosten!«

Ein Jude aus Chelm besucht Warschau. In der großen Synagoge hört er, wie der Schammes einem Juden eine Rätselfrage stellt: »Wer ist meines Vaters Sohn und doch nicht mein Bruder?« Und als der Befragte die Antwort nicht weiß, sagt der Schammes: »Das bin ich selber!«

Der Chelmer Jude ist beeindruckt und beschließt, diese Rätselfrage in der Synagoge zu Chelm zu stellen. Er kommt nach Hause, geht in die Synagoge, und nach dem Gottesdienst fragt er:

»Wer ist meines Vaters Sohn und doch nicht mein Bruder?«

Niemand kennt die Antwort. Dann sagt er mit siegreicher Miene:

»Es ist der Schammes der Synagoge in Warschau!« –

Ein jüdischer Vater nimmt seinen zehnjährigen Sohn in das öffentliche Bad zum ersten Mal mit. Auf Vaters Befehl springt der Junge in das kalte Becken hinein und beginnt zu zittern: »Oy, Papa, oy!«

Der Vater nimmt ein Badetuch und schrubbt den Jungen ab, bis es ihm warm wird, und er sagt vergnügt: »Aah, Papa, aah!«

»Mein Sohn«, sagt der Vater, »weißt du den Unterschied zwischen einer Sünde und einem kalten Wasserbecken? Ich werde es dir sagen: Als du in das kalte Becken hineinsprangst, schriest du zuerst ›Oy!‹ und dann sagtest du ›Aah!‹. Bei einer Sünde sagst du zuerst ›Aah!‹ und dann schreist du ›Oy!‹«

In einem jüdischen Restaurant in Paris hat ein Gast eine Portion Fisch bestellt. Er kostet und zieht eine Grimasse:

»Herr Ober, dieser Fisch scheint seit einem Jahr hier zu sein!«

»Ich kann es Ihnen nicht sagen, ich bin erst seit sechs Monaten hier angestellt!«

Zwei Juden sprechen über einen gemeinsamen Freund, der verstorben ist.

»Er hat sein gesamtes Vermögen dem jüdischen Waisenhaus hinterlassen!«

»Wie großzügig! Was besaß er?«

»Elf Kinder!«

Im Wiener Theater wird ein avantgardistisches Stück aufgeführt. Die alte Frau Kaminski, die die deutsche Sprache ohnehin nur teilweise beherrscht und dazu schwerhörig ist, sitzt in der ersten Reihe und scheint sich köstlich zu amüsieren. Ihre Nachbarin, Frau Grünbaum, fragt sie, ob sie das Stück versteht.

»Kein einziges Wort, aber der Scheinwerfer wärmt mir meinen schmerzenden Rücken, es ist a Mechaje (ein Vernügen)!«

Goldberg erzählt seinem Freund Blumenfeld einen jüdischen Witz: »Berl und Schmerl gingen zu einer Bar-Mizwa (Konfirmation eines jüdischen Jungen) ...«

»Immer diese Judenwitze! Kannst du nicht mal einen Witz erzählen über Chinesen, zum Beispiel?«

»Gut, ich erzähle dir einen Witz über Chinesen: Eines Tages gingen Soo Long Moo und Mao Tsu Nu zu einer Bar-Mizwa ...«

In einem Flugzeug, das Afrika ansteuert, sitzen vier Afrika-Forscher: ein Franzose, ein Engländer, ein Deutscher und ein Jude. Sie verbringen die Monate mit den Elefanten im jungfräulichen Dschungel, und nach der Rückkehr verfaßt jeder von ihnen ein Buch über seine Afrika-Erfahrungen:

Der Deutsche betitelt sein Buch: »Die Eßgewohnheiten der Elefanten und ihr Einfluß auf ihre Lebensdauer.«

Der Franzose schreibt ein zweibändiges Werk über »Das Liebesleben der Elefanten«.

Der Engländer verfaßt ein umfangreiches Werk über »Das Königreich der Elefanten und deren eventuelle Eingliederung in das britische Commonwealth«.

Der Jude veröffentlicht eine polemische Arbeit mit dem Titel: »Die Elefanten und das jüdische Problem«. –

Es gibt vier verschiedene Reaktionen auf einen jüdischen Witz:

- – die eines Franzosen,
- – die eines Engländers,
- – die eines Ostfriesen
- – und die eines Juden.

Der Franzose lacht dreimal: einmal wenn er ihn hört – aus Höflichkeit, das zweite Mal, wenn er ihn kapiert, das dritte Mal, wenn er ihn weitererzählt.

Der Engländer lacht zweimal: einmal wenn er ihn hört – aus Höflichkeit, das zweite Mal, wenn er ihn kapiert, denn weitererzählen kann der Engländer nicht.

Der Ostfriese lacht nur einmal: wenn er ihn hört, aus Höflichkeit, denn kapieren wird er ihn nicht, geschweige denn weitererzählen.

Der Jude lacht überhaupt nicht, denn er kennt ihn schon in einer besseren Version!

4. Humor in Nazi-Deutschland

Es gibt keine noch so tragische Lage, in der der Jude nicht eine humorvolle Pointe finden kann. Selbst in der Nazizeit, als die Juden in Deutschland fast täglich mit neuen Schikanen konfrontiert wurden, fand man noch die Kraft, Witze zu reißen und somit dem tristen und trostlosen Dasein ein Lächeln abzuringen. Hier einige Beispiele:

Es ist April 1935. Ein Jude sitzt in Berlin auf einer Bank und liest den »Stürmer«, das Hetzblatt der Nazis. Ein zweiter Jude geht vorbei und sagt zu ihm:

»Pfui, wie kann ein Jude ein solch gemeines antisemitisches Blatt lesen!«

Darauf der andere: »Schauen Sie: Wenn ich die jüdische Presse lese, da bricht mir das Herz; denn was steht dort? Hier wurden Juden mißhandelt, dort wurden Juden aus ihrem Beruf gejagt, da wurden Juden eingesperrt. Da nehme ich doch lieber den ›Stürmer‹. Denn was lese ich hier? Daß die Juden die ganze Welt beherrschen – in ihren Händen ist der ganze Welthandel – sie beeinflussen alle Regierungen. Da wird mir etwas wohler im Herzen!«

München. Man schreibt das Jahr 1936. Jankel Rosenwasser trägt ein Huhn unter dem Arm und ist auf dem Weg zum Viktualienmarkt. Ein SS-Mann hält ihn an:

»Was hast du, Jude, mit dem Huhn vor?«

»Ich gehe zum Viktualienmarkt, um Futter für mein Huhn zu kaufen.«

»Was für Futter?«

»Korn.«

»Korn? Deutsche Frauen hungern, und ihr Juden füttert eure Hühner mit Korn?« Und er gibt dem Juden eine schallende Ohrfeige.

Der Jude geht weiter, da versperrt ihm ein zweiter Nazi den Weg:

»Wohin mit dem Huhn?«

»Zum Markt, um ihm Futter zu kaufen.«

»Was frißt es denn?«

»Ein bißchen Weizenkörner.«

»Was, Weizen? Die Juden füttern ihre Hühner mit Weizen, während unsere Kinder hungern!« Und prompt schlägt er den Rosenwasser nieder.

Der rappelt sich mit Mühe hoch, da nähert sich schon ein dritter Nazi:

»Wohin, Jude?«

»Zum Markt, um meinem Huhn etwas Futter zu kaufen.«

»Was frißt es denn?«

»Das weiß ich eben selbst nicht. Ich denke, ich gebe ihm am besten die zwei Mark, soll es sich sein Futter selber wählen!«

Wie sieht der Prototyp eines echten Ariers aus?
Blond wie Hitler,
schlank wie Göring
und athletisch gebaut wie Goebbels!

Josef Goebbels, Hitlers Propaganda-Minister, besucht die deutschen Schulen, um sich zu vergewissern, daß die Jugend die Nazi-Doktrin verinnerlicht hat. In einer Grundschule fordert er die Kinder auf, patriotische Parolen zu deklamieren.

»Heil Hitler!« ruft ein Kind.

»Sehr gut!« sagt Goebbels.

»Deutschland über alles!« ruft ein zweites.

»Fabelhaft«; sagt der begeisterte Goebbels. »Habt ihr noch was auf Lager?«

Ein Junge meldet sich: »Möge unser Volk ewig leben!«

»Das finde ich herrlich. Wie heißt du, junger Mann?«

»Israel Goldberg!«

Berlin 1936. Goebbels packt den ersten Juden, den er auf dem Kurfürstendamm sieht, beim Kragen, hängt ihm ein großes Plakat um den Hals, auf dem geschrieben steht: »Juden raus, Arier rein!« und befiehlt ihm, das Plakat einen Tag lang auf einem öffentlichen Platz zu tragen. Am Nachmittag will Goebbels kontrollieren, ob der Jude seinen Befehl ausführt. Er sucht ihn in ganz Berlin, bis er ihn endlich auf dem Friedhof findet – mit dem großen Plakat um den Hals: »Juden raus, Arier rein!« –

Ein Richter in Nazi-Deutschland kommt eines Abends in seinen Klub und macht einen sehr deprimierten Eindruck.

»Was bedrückt Sie«, fragt ein Kollege.

»Ich hatte heute einen sehr schwierigen Fall: Ein Nazi-Parteimitglied stahl einem Juden 1000 Reichsmark, und ich war gezwungen, ihn zu einem ganzen Tag Gefängnis zu verurteilen.«

»Das ist doch nicht so schlimm«, tröstet ihn der Kollege. »Schließlich mußten Sie doch den Schein der Gerechtigkeit wahren.«

»Nicht der Tag Gefängnis bedrückt mich, sondern vielmehr die Tatsache, daß ich den Juden zu fünf Jahren Konzentrationslager verurteilen mußte, weil er durch den Besitz von 1000 Reichsmark den armen Arier in Versuchung brachte!«

Berlin 1935. Ein Arier steigt in die Straßenbahn und sieht, daß der einzige noch freie Sitzplatz neben einem Juden ist, doch auf diesem Sitz liegt ein großes Paket.

»Nehmen Sie das Paket weg!«

»Warum denn?«

»Nehmen Sie sofort das Paket weg, ansonsten rufe ich den Schaffner!«

»Rufen Sie, wen Sie wollen!«

Der Schaffner, ein böse blickender Nazi, brüllt den Juden an: »Nehmen Sie das Paket sofort vom Sitz, oder ich schmeiße es zum Fenster raus!«

Der Jude rührt sich nicht.

Der Schaffner nimmt das Paket und wirft es durch das offene Fenster auf die Straße und schreit:

»Das wird Sie lehren, die Rechte der anderen zu respektieren!«

»Das war nicht mein Paket«, sagt der Jude. –

Berlin 1937. Ein Tiger ist aus seinem Käfig im Berliner Zoo ausgebrochen und läuft durch die Stadt. Die Bevölkerung gerät in Panik, doch es gelingt einem mutigen jungen Juden, den Tiger mit einem Lasso zu fangen und ihn zu halten, bis ihn die Wärter des Zoos wieder in seinen Käfig bringen.

Ein Zeitungsreporter bringt die Neuigkeit seinem Redakteur, dem berüchtigten Judenhasser Julius Streicher, der sie in seinem »Stürmer« unter folgendem Titel veröffentlicht:

GRAUSAMER JUDE ÜBERFÄLLT HILFLOSE KATZE

Adolf Kohn geht zum Berliner Gerichtshof, um seinen Namen zu ändern. Der seinen Antrag bearbeitende Richter blickt auf das Papier und brüllt den Juden an:

»Soll das einer Ihrer jüdischen Tricks sein: euer jüdisches Blut hinter einen arischen Namen zu verstecken? Machen Sie, daß Sie rauskommen! Ihr Name war Kohn und wird Kohn bleiben!«

»Aber Euer Ehren, ich bin mit dem Namen Kohn bestens zufrieden. Was ich ändern will, ist mein Vorname: statt Adolf bitte Abraham!«

Zwei Richter in Nazi-Deutschland diskutieren über die Gründe, warum ihre Gerichte immer leer seien.

»Ich habe kaum eine Verhandlung im Monat«, seufzt der eine. »Ich verstehe es nicht.«

»Ich glaube, daß ich den Grund weiß«, sagt der andere. »Wir haben keine Beschäftigung, weil ein Jude einen anderen Juden nicht verklagen wird, und er traut sich auch nicht, einen Arier zu verklagen. Ein Arier wiederum wird keinen Juden verklagen, weil dies ihn als einen Mann abstempeln würde, der sich mit Juden abgibt.«

»Was Sie sagen, stimmt. Aber ein Arier könnte doch einen anderen Arier verklagen! Warum tut er das nicht?«

»Das geht auch nicht – denn wo wird er einen jüdischen Anwalt finden, der ihn verteidigt?«

Nazi-Deutschland. November 1938. In der Pogromnacht des 9. November wird Samuel Goldberg in das Konzentrationslager Dachau gebracht. Im ersten Brief, den er von seiner Frau erhält, beklagt sie sich, daß sie, obwohl sie eine Fülle von Saatkartoffeln hat, diese nicht in die Erde bringt, weil sie nicht die Kraft hat, den Gemüsegarten umzugraben. In seiner Antwort schreibt Samuel Goldberg: »Wage es nicht, den Garten umzugraben. Dort habe ich die Gewehre und die Bomben vergraben!«

Einige Tage später kommen zwei Lastwagen voller Gestapo-Leute bei Frau Goldberg an, mit Schaufeln bewaffnet. Sie stürmen in den Gemüsegarten, kehren jeden Zoll Boden um, und als sie keine Gewehre oder Bomben gefunden haben, verlassen sie den Ort.

Frau Goldberg berichtet ihrem Mann in ihrem nächsten Brief von dem Vorfall. Seine Antwort lautet:

»Jetzt kannst du die Kartoffeln setzen!«

Ein deutscher Jude, der wie durch ein Wunder die Nazi-Konzentrationslager überlebt hat, stirbt jedoch kurz nach Kriegsende an den Folgen seiner langjährigen Qualen. Als er auf dem Weg zum Paradies am Eingang zur Hölle vorbeigeht, bittet er seinen Begleitengel, ihm die Hölle zu zeigen, in der Adolf Hitler untergebracht ist. Zu seinem Erstaunen sitzt Hitler in einer Zelle an einem Tisch und schreibt.

»Ist das die Hölle, die man für ein solches Ungeheuer ausgesucht hat?« schreit er.

»Beruhigen Sie sich«, sagt der Engel. »Er ist nicht zu beneiden: Er muß nämlich sein Buch ›Mein Kampf‹ ins Hebräische übersetzen!«

Nazi-Deutschland. Man schreibt das Jahr 1938. Jankel Goldstein versucht vergeblich, ein Einreisevisum nach England zu bekommen, wo mehrere von seinen Bekannten leben.

»An allem ist Moses schuld!« sagt er zu einem seiner Freunde.

»Wieso Moses?«

»Ganz einfach: Hätte uns Moses damals nicht aus Ägypten geholt, da hätte ich heute einen englischen Paß!«

(1938 war Ägypten noch britisches Protektorat.)

Ein Berliner Jude läßt sich in einem Reisebüro einen Globus geben und fängt an zu überlegen: Die USA haben ihre Tore geschlossen, Palästina ist für Juden gesperrt, England läßt keinen mehr hinein, die südamerikanischen Staaten geben keine Visa mehr. Verzweifelt wendet er sich an den Angestellten und sagt:

»Verzeihen Sie meine Zudringlichkeit, aber haben Sie nicht noch einen anderen Globus?«

In Berlin stieß ein Jude auf der Straße versehentlich einen SS-Mann leicht an. Dieser brüllte: »Schwein!«

Daraufhin verneigte sich der Jude und sagte: »Blumenfeld.« –

Kurz bevor Nazi-Deutschland Polen angriff und den 2. Weltkrieg auslöste, besuchte eine deutsche Delegation mit Finanzminister Hjalmar Schacht an der Spitze London. Sie besuchten unter anderem auch Lord Rothschild und baten ihn um ein Darlehen für das Dritte Reich.

Schacht wußte selbstverständlich, daß Rothschild Jude war, glaubte jedoch, ihn durch günstige Bedingungen zur Gewährung dieses Darlehen bewegen zu können.

»Seien Sie versichert, Mylord, daß wir das Darlehen mitsamt Zinsen pünktlich zurückzahlen werden! Wir verfügen über große Vermögen. Unter der Erde haben wir riesige Kohle- und Eisenvorkommen. Und auf der Erdoberfläche haben wir unseren großen Hitler.«

Lord Rothschild schaute ihn scharf an und sagte:

»Ich würde ein solches Darlehensgesuch wohlwollend betrachten, wenn Ihre Garantien umgekehrt lägen: Kohle und Eisen auf der Oberfläche und ...«

Deutschland 1945. In der Universität Hannover fragt der Professor für Gegenwartsgeschichte die Studenten, welches ihrer Meinung nach die Ursachen für Deutschlands militärische Niederlage waren.

»Die Juden waren schuld«, sagte ein Student, »es waren zu viele jüdische Generäle.«

»Aber in der Reichswehr gab es doch keinen einzigen jüdischen General!«

»Ich meine auch nicht die Reichswehr, sondern die jüdischen Generäle in den Armeen der Alliierten!«

5. Humor in der Sowjetunion

Selbst unter der eisernen Diktatur Stalins entstanden in der jüdischen Bevölkerung der Sowjetunion Witze, die das verhaßte Regime aufs Korn nahmen und den angeblich nicht existierenden Antisemitismus anprangerten. Eine Auswahl aus diesen bissigen Anekdoten folgt hier:

Molotow geht in einem Park in Moskau spazieren und trifft einen Juden. »Wie geht es dir in unserer Sowjetunion?«

»Gott sei dank.«

»Gott sei dank? In der Sowjetunion sagt man nicht Gott sei dank, sondern Stalin sei dank!«

Darauf der Jude: »Aber der Stalin ist doch nur ein Mensch. Wenn er stirbt – was wird man dann sagen?«

»Ja, dann wird man sagen: Gott sei Dank!«

Vor einem Lebensmittelladen in Moskau steht seit 5 Uhr morgens eine lange Schlange Menschen und wartet auf die Butter-Ration, die verteilt werden soll. Um 7 Uhr öffnet der Verkäufer den Laden und sagt:

»Tut mir leid, ich bekomme nur die Hälfte der versprochenen Lieferung, es wird nicht für alle reichen. Die Juden sollen nach Hause gehen!«

Die wenigen Juden, die in der Reihe standen, ∧gehen fort. Die übrigen warten geduldig, bis um 4 Uhr nachmittags; der Verkäufer öffnet die Ladentür und sagt:

»Tut mir sehr leid, aber ich habe soeben einen Anruf bekommen: Es wird heute überhaupt keine Butter geliefert. Sie können alle nach Hause gehen!«

Da sagt eine Frau aus der Menge: »Merkwürdig, die Juden werden immer bevorzugt!« –

Ein Moskauer Jude hat sich einen Papagei gekauft und ihn so dressiert, daß er an jedem Morgen sein Herrchen mit den Worten begrüßt: »Nieder mit Stalin! Nieder mit der Sowjetunion!« Natürlich sind alle Fenster und Türen dabei dicht geschlossen!

Einmal muß der Jude in die Krim fahren, und er beschließt, den Papagei in den Kühlschrank einzusperren, damit die Nachbarn seinen Spruch nicht hören.

Als er nach zwei Wochen zurückkommt und den Papagei aus dem Kühlschrank holt, da schreit dieser: »Es lebe Stalin! Es lebe die Sowjetunion!« Der Jude schaut verblüfft auf den Papagei und sagt:

»Merkwürdig, zwei Wochen war er in Sibirien, da redet er schon ganz anders!«

Oktober 1917. Die Revolution war erfolgreich, die Kommunisten sind an der Macht, die Bauern sollen nun überzeugt werden, daß sie ihren Besitz verteilen müssen. Der Sekretär der Partei in Kiew besucht einen Bauern und erklärt ihm die neue Situation.

»Nehmen wir an, Sie besitzen 100 Kühe, dann können Sie zwei davon behalten und die übrigen werden unter das Volk verteilt.«

»Einverstanden!«

»Dasselbe, wenn Sie 100 Pferde haben.«

»Einverstanden!«

»Das gleiche, wenn Sie 100 Hühner haben.«

»Nein! Hühner nicht!«

»Warum?«

»Weil – Hühner habe ich!«

Als in Rußland 1917 die Revolution ausbrach und die Kommunisten an die Macht kamen, glaubten die Kommunisten in Frankreich, daß ihre Zeit gekommen sei. Ein junger jüdischer Kommunist kam in das Büro von Baron Rothschild in Paris und schrie:

»Herr Baron, die Zeiten des Kapitalismus sind vorbei, jetzt werden Sie Ihr gesamtes Vermögen unter das Volk verteilen müssen!«

Der Baron, in aller Ruhe: »Wie groß ist mein Vermögen, nach Ihrer Schätzung?«

»Mindestens 50 Millionen Francs!«

»Und wie viele Franzosen leben in diesem Land?«

»50 Millionen!«

»Da kommt auf jeden Franzosen ein Franc. Wissen Sie was, junger Mann: Nehmen Sie Ihren Franc, und jeder Franzose soll kommen und sich seinen Franc selber bei mir abholen!«

»Stimmt es, was man bei uns über die Zustände in Paris erzählt?« fragt ein Moskauer Jude seinen in Paris wohnenden Neffen, der zu Besuch bei ihm ist. »Zum Beispiel, daß man bei Euch den Wohnort wechseln kann, einfach so, ohne die Genehmigung der Behörden?«

»Natürlich kann man das!«

»Und daß man auch den Arbeitgeber ohne Genehmigung wechseln kann?«

»Stimmt!«

»Und daß man sogar einen Wagen ohne Genehmigung kaufen kann, einfach so?«

»Ja!«

»Ich begreife nicht, wie Ihr in einem solchen Chaos leben könnt!« –

Breschnew besucht Kiew, die Hauptstadt der Ukraine. Eine jüdische Delegation wird bei ihm vorstellig:

»Genosse Breschnew, in Kiew wohnen 300.000 Juden. Warum gibt es keinen Rabbiner in unserer Stadt?«

»Wir sind nicht schuld«, antwortet Breschnew. »Es haben sich drei Kandidaten um diesen Posten beworben, aber wir konnten keinen von ihnen nehmen!«

»Warum?«

»Nun, der erste hatte zwar sein Studium am Rabbinerseminar in Budapest absolviert, war jedoch kein Mitglied der kommunistischen Partei, da kam er nicht in Frage. Der zweite war zwar Parteimitglied, hatte jedoch sein Rabbinatsstudium nicht beendet.«

»Und der dritte?«

»Ja, der dritte war zwar Parteimitglied und hatte auch sein Studium beendet, aber er ist Jude!« –

Jossel Landsberg, ein treues Mitglied der Kommunistischen Partei Moskaus, hat ein großes Problem.

»Ich habe ›tzores‹«, beklagt er sich bei seinem Schwager. »Meine Frau erwartet jede Minute die Geburt eines Kindes, und der Arzt sagt, es wird ein Junge!«

»Und wo liegt das Problem?«

»Du mußt es aus meiner Sicht sehen: Als Kommunist kann ich meinen Jungen nicht beschneiden lassen. Anderseits will ich nicht, daß er als ein ›Goy‹ aufwächst. Was soll ich tun?«

Kurz danach begleitet ihn der Schwager zur Entbindungsklinik. Jossel geht hinauf, und der Schwager wartet unten im Foyer. Eine halbe Stunde später kommt Jossel aus der Entbindungsstation, strahlend!

»Es ist ein Mädchen, Gott sei dank!«

»Was heißt ›Gott sei dank‹?« sagt der Schwager. »Ihr Kommunisten glaubt doch nicht an Gott!«

»Aber in diesem Fall mußt du doch zugeben, daß es einen Gott gibt! Nicht nur, daß er die Beschneidung verlangt; er ist auch auf der Seite der Kommunistischen Partei!«

Stalin hat in der Bibel gelesen, daß in der messianischen Zeit ein Lamm mit einem Wolf friedlich zusammenleben wird. Er beschließt, dies sofort zu verwirklichen, um zu zeigen, daß der Kommunismus die Erlösung bereits gebracht hat. Dem Direktor des Moskauer Zoos wird von ihm befohlen, einen Käfig bereitzustellen, in dem ein Wolf und ein Lamm zusammenwohnen werden.

Der Befehl Stalins wird selbstverständlich sofort ausgeführt, und die gesamte ausländische Presse wird eingeladen, das messianische Wunder mit eigenen Augen zu erleben.

Ein Journalist, der die Sache mit Skepsis sieht, geht zum Direktor des Zoos und fragt ihn, wie er dieses übernatürliche Wunder zustandebringt. Die Antwort des Direktors:

»Ganz einfach: Jeden Tag wird ein neues Schaf in den Käfig gebracht!«

In der stalininistischen Ära werden ein Ukrainer und ein Jude wegen konterrevolutionärer Aktivität zum Tode verurteilt. Der Henker fragt beide nach ihrem letzten Wunsch.

»Ich möchte eine Machurka (russische Pfeife) rauchen«, sagt der Ukrainer.

»Genehmigt. Und wo möchtest du beerdigt werden?«

»Neben Alexander Puschkin, dem großen Dichter.«

»Genehmigt. Und du, Jude, was ist dein letzter Wunsch?«

»Ich möchte Erdbeeren essen.«

»Erdbeeren? Wo sollen wir im Januar Erdbeeren auftreiben?«

»Ich bin bereit zu warten!« sagt der Jude.

»Und wo willst du beerdigt werden?«

»Neben unserem großen Josef Stalin!«

»Aber der lebt noch!«

»Ich bin bereit zu warten!«

Stalin ruft zu sich die Oberhäupter der drei Religionen: den Patriarchen der russisch-orthodoxen Kirche, den Imam der islamischen Glaubensgemeinschaft und den Oberrabbiner von Moskau und fordert sie auf, bei ihrer nächsten Predigt zu verkünden, daß der Kommunismus bereits am Anfang der menschlichen Geschichte da war.

Die beiden ersten weisen diese Forderung entrüstet ab: Sie können eine solche Lüge nicht verkünden. Der Oberrabbiner hingegen akzeptiert die Forderung Stalins, ohne zu zögern. Als seine Kollegen ihn ungläubig anstarren, sagt er:

»Der Stalin hat doch recht! Nehmen wir das Buch Genesis – was finden wir dort? Zwei arme Menschen, Adam und Eva, laufen nackt und barfuß herum, streiten sich um einen Apfel, denunzieren einer den anderen bei der Behörde, und das Ganze nennt man ein Paradies!«

Ein amerikanischer Jude besucht Moskau und trifft dort einen Juden, dem er als Soldat in der sowjetischen Armee im zweiten Weltkrieg begegnet war.

»Was tust du in Moskau?«

»Ich baue den Sozialismus auf!«

»Du hattest doch vier Brüder, wo sind sie?«

»Der eine baut den Sozialismus in Warschau auf, der zweite in Budapest und der dritte in Bukarest.«

»Und der vierte?«

»Der ist in Israel.«

»Baut er dort auch den Sozialismus auf?«

»Bist du meschugge? Im eigenen Land?!«

»Stimmt es, daß sowohl das amerikanische als auch das sowjetische Grundgesetz die Redefreiheit garantieren?« fragt Jankel seinen Freund Berl.

»Es stimmt, nur das amerikanische Grundgesetz garantiert auch die Freiheit nach der Rede!« –

Das Politbüro beschließt, die Juden aus der Wirtschaft auszuschalten. Moische Rabinowitsch wird zum Betriebsleiter gerufen:

»Bedaure, aber wir müssen Sie entlassen!«

»Warum?«

»Weil Sie kein Abitur haben!«

»Geben Sie mir zwei Monate, ich hole es nach!«

In der Tat: Nach zwei Monaten legt Moische dem Betriebsleiter das Abiturzeugnis vor.

»Bedaure, aber wir können Sie trotzdem nicht behalten!«

»Warum?«

»Ihr Name, Genosse, klingt nicht russisch!«

»Daran soll es nicht liegen, ich ändere ihn sofort!«

Zwei Tage später präsentiert er dem Betriebsleiter die Urkunde mit der Namensänderung: Er heißt nicht mehr Moische Rabinowitsch, sondern Marian Rabanowski.

»Sie sind trotzdem entlassen!«

»Aber warum?«

»Es macht einen schlechten Eindruck, wenn wir nur Juden entlassen!«

Ein Moskauer Jude wird um 3 Uhr morgens von einem lauten Klopfen an der Tür geweckt.

»Wer ist dort?«

»Die Post!«

Er öffnet die Tür und sieht zwei KGB-Agenten.

»Sie heißen Jakob Goldstein?«

»Ja.«

»Und Sie haben einen Antrag auf Ausreise nach Israel gestellt?«

»Ja.«

»Und warum wollen Sie die Sowjetunion verlassen? Haben Sie etwa keine Arbeit?«

»Doch, die habe ich.«

»Oder keine Wohnung?«

»Doch, die habe ich.«

»Bekommen Ihre Kinder etwa keine gute Ausbildung?«

»Doch, das bekommen sie.«

»Dann – warum wollen Sie uns verlassen?«

»Weil ich nicht gerne in einem Land lebe, wo die Post um 3 Uhr morgens zugestellt wird!«

Moskau 1978. Goldstein hat soviel Geld gespart, daß er in der Lage ist, den Preis eines elektrischen Kühlschranks zu bezahlen. Er geht zur entsprechenden Regierungsstelle und übergibt dem Angestellten das Geld.

»Der Kühlschrank wird Ihnen in genau zehn Jahren geliefert«, sagt der Angestellte.

»Am Vormittag oder am Nachmittag?« fragt Goldstein.

»Was spielt das für eine Rolle, ob Vormittag oder Nachmittag?«

»Weil der Klempner mir versprochen hat, daß er am Vormittag kommt!«

In einem kleinen russischen Dorf kommt Jankel von der Synagoge nach Hause und erzählt seiner Frau:

»Die sagen dort, der Messias werde jeden Tag erwartet, und dann werden alle Juden nach Israel ziehen.«

Die Frau wird hysterisch: »Das darf doch nicht wahr sein! Das wäre doch schrecklich! Es hat Jahre gedauert, bis wir unseren Hof und Stall erworben haben, und jetzt sollen wir alles verlassen? O nein!«

»Mach dir keine Sorgen«, versucht der Mann sie zu beruhigen. »Wir haben den Pharao überlebt, wir haben den Haman überlebt, wir werden mit Gottes Hilfe auch diesen Messias überleben!«

Moskau, 10. Juni 1968. Der Sechs-Tage-Krieg ist gerade zu Ende gegangen mit dem überwältigenden Sieg der Israelis. In Moskau stehen zwei betrunkene Ukrainer vor dem Gericht, weil sie zwei unschuldige Juden schwer verprügelt haben.

»Warum habt ihr zwei Juden verprügelt, was haben die euch getan?« fragt der Richter.

»Es war so«, sagt der eine Angeklagte. »Wir hatten gerade eine Flasche Wodka getrunken, da hörten wir im Radio, daß die Israelis Gaza eingenommen hatten. Das hat uns aufgeregt, aber wir haben uns zurückgehalten und weiter Wodka getrunken, um unsern Ärger herunterzuspülen. Dann hat das Radio gemeldet, die Israelis wären bereits am Suez. Da wurden wir noch wütender, und tranken noch eine Flasche Wodka, um unseren Ärger herunterzuspülen. Als wir jedoch die Schenke verließen und auf die Straße gingen und hier, in Moskau, zwei Juden sahen, was bedeutet, daß die Juden bis zu uns vorgedrungen waren, da konnten wir uns nicht mehr zurückhalten und haben zugeschlagen!«

Ära Chruschtschow. Isaak Aronowitsch wird von der Fabrik entlassen.

»Warum?«

»Was haben Sie bei der Parade am 1. Mai in der rechten Hand gehalten?«

»Das Bild von Chruschtschow!«

»Und in der linken Hand?«

»Meinen Dackel!«

»Und was haben Sie weggeworfen, als ich Ihnen befahl, den Hund wegzuschmeißen?!«

»Im Jahr 2000 werden wir auf der Venus landen, im Jahre 2005 auf dem Mars und im Jahre 2010 auf dem Saturn!« proklamiert Breschnew in seiner Rede.

»Und wann werden wir nach Paris fahren können?« ruft Jankel Rabinowitz.

»Alles mit der Zeit!« ist Breschnews prompte Antwort.

»Im Jahre 2000«, sagt Breschnew in seiner Rede am 1. Mai am Roten Platz in Moskau, »wird jede sowjetische Familie einen Hubschrauber besitzen.«

»Wer braucht einen Hubschrauber?« fragt Jankel Rabinowitz seinen Nachbarn Moische Goldmann.

»Warum begreifst du nicht? Stell dir vor, du wohnst in Kiew und du hörst im Radio, daß man in Charkow Kartoffeln verteilt. Dann nimmst du deinen Hubschrauber und fliegst nach Charkow!«

Eine arme Frau in einem Hinterhof am Rande von Moskau sagt zu ihrem Mann:

»Was hast du von deinem kommunistischen Regime? Kaum zu essen, eine feuchte Wohnung, keine Heizung! Warum gehst du nicht zu deinem Breschnew und fragst ihn, wann wir endlich ein anständiges Leben führen können?«

Der Mann bittet um eine Audienz bei Breschnew.

Zwei Wochen später wird er in den Kreml hineingelassen: Breschnew nimmt sich für ihn Zeit. Er führt ihn selber durch den Kreml, zeigt ihm vom Fenster seines luxuriösen Büros den gepflegten Park mit den herrlichen Blumen, die Paläste ringsum und sagt: »Schau dir das genau an und sag deiner Frau: In zehn Jahren wird ganz Rußland so aussehen!«

Der arme Mann kehrt nach Hause zurück, erzählt seiner Frau, was ihm Breschnew gesagt hat, geht zum Fenster, von dem man den düsteren Hof voller Unrat sieht, die Kinder in Lumpen, die stinkenden Mülleimer – und sagt:

»Siehst du, in zehn Jahren wird ganz Rußland so aussehen!«

Ein Jude aus der Ukraine wandert nach Israel aus und wird dort von seinem jüngeren Bruder am Flughafen erwartet, den er zum letzten Mal vor 50 Jahren gesehen hat. Als die 200 Passagiere in den großen Empfangssaal strömen, läuft der Israeli ohne zu zögern auf seinen Bruder zu und umarmt ihn. Ein Journalist, der die rührende Szene beobachtet hat, geht zum israelischen Bruder und fragt ihn:

»Wie haben Sie Ihren Bruder nach 50 Jahren auf Anhieb erkannt?«

»Wie ich ihn erkannt habe? Ganz einfach: am Mantel!«

Moskau, Roter Platz. Man feiert den 1. Mai 1970. Chruschtschow steigt auf die Ehrentribüne, und die zigtausendköpfige Menge applaudiert. Jankel Goldstein schreit begeistert:

»Es lebe Chruschtschow! Es lebe Chruschtschow!«

Chaim Rabinowitsch, der neben ihm steht, sagt zu ihm spöttisch:

»Du Heuchler, ich kann mich gut erinnern wie du auch bei Stalin geschrien hast 'Es lebe Stalin', und das gleiche bei Berija und bei Malenkow!«

»Na und«, sagt Jankel Goldstein, »leben sie etwa?«

Ein alter Jude sitzt in Moskau im Park und lernt Hebräisch. Leonid Breschnew geht vorbei, sieht das hebräische Lehrbuch und fragt den Mann:

»Wozu lernst du Hebräisch? Glaubst du wirklich, daß wir dich nach Israel ausreisen lassen werden?«

»Nein, das weiß ich. Aber ich bin ein alter Mann, und wenn ich sterbe und in den Himmel komme, da muß ich doch die Sprache beherrschen, die dort gesprochen wird!«

»Und wer garantiert dir, daß du in den Himmel kommst, vielleicht kommst du in die Hölle?«

»Na und, Russisch kann ich doch!«

Die Breschnew-Ära. Alle Anträge auf Ausreise nach Israel werden abgelehnt – mit den verschiedensten Ausreden. Ein Computer-Ingenieur sucht das Büro der OVIR (die sowjetische Ausreisebehörde) auf und wünscht mit dem Direktor zu sprechen.

»Was ist Ihr Beruf?«

»Elektronik-Ingenieur.«

»Dann können Sie nicht nach Israel ausreisen.«

»Warum?«

»Weil wir nicht wollen, daß Sie in den kapitalistischen Ländern die Geheimnisse enthüllen, deren Träger Sie sind.«

112

»Aber Herr Direktor, Sie wissen genauso wie ich, daß in Elektronik die kapitalistischen Länder viel fortgeschrittener sind als wir in der Sowjetunion!«

»Eben, dieses Geheimnis dürfen die dort keinesfalls erfahren!«

Ein jüdischer Journalist aus den USA fragt einen Moskauer Juden, wie es ihm gehe.

»Schlecht, man hat mich heute zum dritten Mal aus der kommunistischen Partei geworfen.«

»Zum dritten Mal? Sie müssen mir erzählen, wie das passiert ist!«

»Also: Das erste Mal passierte es nach Stalins Tod: Da erzählte uns der Parteisekretär, die Bestattungsfeierlichkeiten für Stalin hätten eine Million Rubel gekostet. Da habe ich spontan gesagt: ›Soviel Geld für eine einzige Bestattung? Für eine Million Rubel hätte ich das gesamte Politbüro beerdigt!‹ Prompt wurde ich aus der Partei rausgeschmissen.«

»Und das zweite Mal?«

»Das war, nachdem Chruschtschow abgesetzt wurde und Breschnew seinen Platz als Generalsekretär der Sowjetunion einnahm. Ich arbeitete damals als Hausmeister im Büro der Partei und hatte die Aufgabe, die zwei Bilder auszuwechseln. Da stand ich mit den beiden Bildern in den Händen, als der Parteisekretär vorbeikam und sagte: ›Schmeiß' doch endlich den Hund weg!‹ Da fragte ich ihn: ›Welchen von den beiden?‹ Und da war es wieder um mich geschehen!«

»Und was ist heute geschehen, daß man Sie wieder hinausgeworfen hat?«

»Heute hat mich der Parteisekretär gefragt: ›Wieso warst du nicht bei der letzten Parteiversammlung?‹ Da hab ich zu ihm gesagt: ›Hätte ich gewußt, daß es die letzte ist, wäre ich bestimmt gekommen!‹«

Moskau 1989. »Jankel, weißt du vielleicht, wohin der Abramowitz gegangen ist? Ich habe ihn seit einigen Wochen nicht gesehen!«

»Er soll angeblich nach Paris ausgewandert sein.«

»Paris? Wie weit ist Paris von Moskau?«

»Ungefähr 4000 Kilometer.«

»4000 Kilometer? Warum zieht ein Jude wie Abramowitz in einen solch entlegenen Ort?«

Der Fabrikdirektor zum Leiter der Personalabteilung:

»Warum ist Abramowitz nicht auf seinem Arbeitsplatz?«

»Er ist in die Synagoge gegangen.«

»Was macht er in der Synagoge?«

»Er betet zu Gott, daß er eine Gehaltserhöhung bekomme. Wie Sie wissen, haben sich die Zeiten geändert, heute darf man beten!«

»Ich habe nichts gegen Beten, aber ich mag es nicht, wenn man über Gehaltserhöhungen hinter meinem Rükken entscheidet!«

Warschau 1968. Der von der Gomulka-Regierung geschürte Antisemitismus führt zur Diskriminierung der Juden in den Betrieben. Zwei Juden begegnen sich auf der Straße.

»Rosenfeld, man sagt, du hättest deine Arbeit verloren, dennoch siehst du wohlgenährt aus. Wie hältst du dich über Wasser?«

»Dir kann ich es verraten: Ich lebe von Erpressung!«

»Von Erpressung? Wen erpreßt du?«

»Es wohnt hier in der Nähe eine polnische Familie, die

mich während der Nazi-Zeit in ihrem Keller versteckte und der ich mein Überleben verdanke.«

»Na und?«

»Diese Familie erpresse ich, indem ich ihr drohe, daß, wenn sie nicht zahlt, ich jedem erzählen werde, daß sie mir im Zweiten Weltkrieg das Leben gerettet hat!«

Man schreibt das Jahr 1990. Jeder Jude, der nach Israel will, kann auswandern. Moische Pomeranz kommt zum Moskauer Flughafen. In der Hand hält er zwei Koffer und einen großen schmalen Karton.

Der russische Zollbeamte fragt: »Was ist das?«

»Nicht: ›was‹, sondern ›wer‹ ist das, sollten Sie fragen!« Moische schnürt den großen Karton auf und zieht ein schön eingerahmtes Bild von Stalin heraus.

»Wozu brauchen Sie das Bild Stalins in Israel?« fragt der Zollbeamte erstaunt.

»Ich verehre den Stalin!« sagt Moische. »Er hat den Hitler besiegt, hat Rußland groß gemacht, ich möchte sein Bild in meinem Wohnzimmer haben!«

»Bitte sehr!«

Das Flugzeug landet in Tel Aviv, der israelische Zollbeamte zeigt auf den Karton und fragt: »Was ist das?«

»Nicht ›was‹, sondern ›wer‹ ist das!« Moische zieht das Bild Stalins heraus.

»Wozu brauchen Sie das Bild dieses Bösewichtes in Israel?«

»Ich werde es Ihnen sagen: Sollte es mir in Israel schlecht gehen, brauche ich bloß auf dieses Bild zu schauen, da wird mir das Heimweh nach der Sowjetunion vergehen!«

Im Tel Aviver Flughafen wartet auf Moische Pomeranz sein Onkel Sascha, der in den 30er Jahren nach Palästina ausgewandert war, und holt ihn nach Beer-Scheba, wo er ein Häuschen hat. Moische packt dort den Karton aus, der Onkel sieht das Bild Stalins und fragt:

»Wer ist das?«

»Nicht ›wer‹, sondern ›was ist das‹ hättest du fragen sollen: der Rahmen – das sind 12 Kilo Gold!«

Boris Jelzin möchte die Leiche Lenins samt Sarg endgültig aus Moskau entfernen und wendet sich an die UNO: Welcher Staat ist bereit, Lenin bei sich zu bestatten?

Als einziger telegrafiert der israelische Premierminister Rabin: »Wir sind bereit, Lenin in Jerusalem zu beerdigen.«

Darauf telegrafiert Jelzin an Rabin: »In Jerusalem auf keinen Fall: Dort stehen die Toten wieder auf!«

6. Humor in Amerika

Am Anfang dieses Jahrhunderts wanderten Hunderttausende von russischen Juden unter dem Schock blutiger Pogrome nach Amerika aus, wo sie Aufnahme fanden und allmählich – dank ihrem Fleiß und Unternehmungsgeist – Fuß faßten und teilweise auch zu großem wirtschaftlichen Erfolg kamen. Ihre oft rührenden Bemühungen, sich trotz ihres unverkennbar ostjüdischen Akzentes in die etablierte, nicht sehr judenfreundliche amerikanische Gesellschaft zu integrieren, haben in unzähligen witzigen Anekdoten ihren Niederschlag gefunden.

Moische Bernstein aus dem russischen Kischinew hat in Amerika Geld gemacht und holt seinen greisen Vater aus Kischinew nach New York. Bei der Ankunft des Schiffes im Hafen umarmt der Vater seinen Sohn stürmisch:

»Mein lieber, teurer Moische!«

Der Sohn: »Vater, bitte nenne mich nicht Moische, hier heiße ich Morris!«

»Und das ist doch deine Frau Scheindel!«

»Vater, hier heißt sie nicht Scheindel, sondern Shirley!«

»Aber du hütest doch unsere Tradition und hältst doch deinen Laden am Sabbat geschlossen, hoffe ich!«

»Vater, wir sind hier in Amerika, versteh doch!«

»Aber ihr haltet doch hoffentlich unsere Speisegesetze, nicht wahr?«

»Vater, versteh doch, wir sind in Amerika!«

Der verzweifelte Vater flüstert seinem Sohn ins Ohr: »Moische, sag mir die Wahrheit: Bist du noch beschnitten?« –

Mendel Abramowicz hat alles getan, um ein wahrer Yankee zu werden: Er nennt sich Marc Averell, seine Frau Jente heißt nun Jackie, doch es ist ihm noch nicht gelungen, in die »high society« einzudringen. Er sucht bei einem christlichen Freund Rat, und der rät ihm, ein luxuriöses Appartement in der Fifth Avenue zu kaufen, es mit Stilmöbeln auszustatten und das Gemälde eines berühmten Malers für den Salon zu erstehen.

Marc Averell tut alles und kauft sich für viel Geld einen echten Rubens. Als die christlichen Gäste, die er zur Einweihung der neuen Wohnung eingeladen hat, wegbleiben, befürchtet er, daß der Name Rubens wohl zu jüdisch klingt. Er geht zur Galerie, gibt den Rubens zurück und kauft sich an seiner Stelle einen Goya ...

(»Goy/Gojim«: Bezeichnung für einen Nicht-Juden.)

Ein reicher amerikanischer Jude lädt den weltberühmten Geiger David Oistrach zu einem Diner in seine Villa.

»Und vergessen Sie nicht, Ihre Geige mitzubringen!«

»Wozu denn?« fragt Oistrach, »meine Geige ißt nicht!«

»Sie werden uns doch das Vergnügen machen und etwas spielen!«

»Ach so. Sie gehören zu den Mäzenen, die einen Installateur zum Essen einladen und ihn nach dem Dessert bitten, den Abfluß der Badewanne zu reinigen!«

Ein reicher amerikanischer Jude sagt zum Festveranstalter, der die Bar-Mizwa-Party seines Sohnes organisieren soll: »Sie müssen sich etwas Exklusives ausdenken, was noch keiner bisher gemacht hat!«

Der Mann hat eine brillante Idee: Er wird eine Safari-Bar-Mizwa arrangieren, die im tiefen afrikanischen Dschungel stattfindet! Die Expedition wird organisiert.

Mehr als 200 Gäste nehmen daran teil. Ein spezielles Flugzeug ist gechartert worden. Am Landeplatz in Afrika erwartet die Gäste eine besondere Attraktion: eine Karawane von 200 Elefanten – jeder Elefant trägt eine Schärpe mit dem Namen des Bar-Mizwa. Jeder Gast wird auf einen Elefanten gesetzt, und man wartet auf das Signal, um zur Lichtung zu reiten, wo das großangelegte Bar-Mizwa-Bankett stattfinden soll.

»Worauf warten wir?« fragt der Vater des Bar-Mizwa den Veranstalter. Dieser, verschämt:

»Man räumt jetzt die Tische ab von einer anderen Bar-Mizwa, die gestern dort stattgefunden hat ...«

Moische und Jankel diskutieren über den Krieg in Vietnam, der die gesamte amerikanische Jugend in seinen Sog zu reißen droht, einschließlich der College-Studenten. Moische ist sehr pessimistisch, was die Zukunft betrifft, und ist in großer Sorge, ob er je sein akademisches Studium zu Ende bringen können wird, während Jankel optimistisch eingestellt ist.

»Du wirst den Abschluß schaffen«, tröstet er Moische. »Du brauchst dir keine Sorgen darüber zu machen. Erstens wird dieser Krieg bald zu Ende sein. Wenn nicht, da gibt es zwei Möglichkeiten: Entweder, du wirst zur Armee eingezogen – oder nicht. Wirst du nicht eingezogen, dann hast du keinen Grund zur Sorge. Doch selbst wenn ja, da gibt es noch zwei Möglichkeiten: Entweder wirst du nach Vietnam geschickt oder nicht. Wirst du nicht geschickt, dann hast du keinen Grund zur Sorge. Und wenn doch, dann bleiben wieder zwei Möglichkeiten: Entweder du wirst verwundet im Kampf, oder nicht. Wenn nicht, dann hast du keinen Grund zur Sorge; doch selbst wenn ja, bleiben noch immer zwei Möglichkeiten:

Entweder ist die Wunde ernst, oder nicht. Ist sie nicht ernst, hast du keinen Grund zur Sorge; doch selbst wenn sie ernst ist, bleiben noch immer zwei Möglichkeiten: Entweder du überlebst oder nicht. Überlebst du, hast du keinen Grund zur Sorge. Der einzige Fall, wo du Grund zur Sorge hättest, wäre, wenn du nicht überlebst. Jetzt frage ich dich: Lohnt es sich, wegen einer derart weit entfernten Eventualität sich Sorgen zu machen?«

Drei jüdische Damen in Brooklyn unterhalten sich über – wie kann es anders sein – ihre Söhne.

Sagt die eine: »Mein Harry, der ist ein solch erfolgreicher Arzt, er verdient um die 200.000 Dollar im Jahr!«

Sagt die zweite: »Und mein Stephen, der hat eine solch gutgehende Anwaltspraxis, er verdient 150.000 Dollar im Jahr!«

»Und wieviel verdient Ihr Sohn?« fragen die beiden die dritte Mutter.

»Wissen Sie, er ist Rabbiner, sein jährliches Gehalt ist 40.000 Dollar im Jahr.«

»Was, Rabbiner?« sagen die beiden Damen entrüstet, »ist das ein Beruf für einen jüdischen Boy?«

Ein amerikanischer Geschäftsmann, der Katholik ist, und sein jüdischer Partner haben am selben Tag den gleichen Cadillac gekauft.

Der Katholik bestellt seinen Pfarrer zu sich und bittet ihn, den neuen Wagen zu segnen. Der Pfarrer nimmt aus der Kirche heiliges Wasser und beträufelt damit den Cadillac.

Der jüdische Partner will nicht zurückstehen und beauftragt den Rabbiner seiner Congregation, ebenfalls das neue Auto zu segnen. Dieser ist etwas verwirrt, überlegt schnell und sägt ein kleines Stück vom Auspuff ab. –

Es ist Freitag. Rosenbaum geht auf dem Weg nach Hause an seiner Synagoge vorbei und sieht ein Plakat: Morgen, am Sabbat, wird der Rabbiner eine Predigt halten über das Thema: »Die Sintflut und ihre verheerenden Folgen«. Rosenbaum schreibt dem Rabbiner einen kurzen Brief:

»Sehr geehrter Herr Rabbiner, bin leider morgen früh verhindert. Ich will mich jedoch nicht drücken: In der Anlage finden Sie einen Scheck über 100 Dollar für die Opfer der Sintflut!«

Es ist Jom Kippur. Kornblum, erfolgreicher Broker an der Gold-Börse an der Wall Street, sagt zu seinem jungen, nicht-jüdischen Assistenten:

»Johnny, es ist heute der heiligste Tag bei uns Juden, und ich muß in die Synagoge, hier nicht weit, in der Fifth Avenue. Ich will dort nicht gestört sein, es sei denn etwas Außergewöhnliches in der Börse passiert!«

Er ist kaum eine halbe Stunde weg, da ist die Börse in hellem Aufruhr: Der Goldpreis ist um 10 Punkte gefallen! Johnny weiß nicht, was er tun soll, kaufen oder verkaufen, doch er will den Boß nicht bei der Andacht stören und beschließt abzuwarten. Als der Goldpreis jedoch um weitere 5 Punkte sinkt, scheint es ihm an der Zeit: Er muß den Boß um Weisungen bitten.

Er kommt in die Synagoge. Da sitzt sein Boß in der Mitte einer langen Reihe von betenden Juden. Johnny bahnt sich mit Mühe einen Weg zu ihm und flüstert ihm zu:

»Es ist etwas Furchtbares passiert, Gold ist um 15 Punkte gefallen!«

Da sagt Kornblum zu ihm:

»Siehst du, jetzt hast du eine dreifache Schuld auf dich geladen: Zum einen, weil du mich am Heiligen Jom Kippur bei der Andacht gestört hast. Zum zweiten, weil du all die Leute gestört hast, die aufstehen mußten, um dich vorbeizulassen. Zum dritten, weil du nicht up to date bist: Du sprichst von 15 Punkten, und hier in der Synagoge wird Gold bereits mit 20 Punkten weniger gehandelt!«

Für die Hohen Feiertage hat die große »Tempel Emanuel Synagoge« auf der Fifth Avenue in New York den berühmten Kantor Kussevitzky engagiert und kassiert ein entsprechendes Eintrittsgeld von jedem der Beter. Da kommt ein junger Mann und bittet um Einlaß, und auf die Frage, wo seine Eintrittskarte sei, erklärt er, daß er lediglich seinem Onkel, der in der Synagoge bereits sitzt, etwas Dringendes ausrichten müsse. Der Kassierer, voll Mißtrauen:

»Okay, geh hinein, aber wehe dir, wenn ich dich beim Beten erwische!«

In einem amerikanischen Städtchen in Virginia bewirbt sich ein Mann um die Stelle des Vorbeters. Er wird eingeladen, eine Probe seines Könnens am Freitagabend-Gottesdienst zu geben. Als er nach Hause kommt, fragt seine Frau, wie es ihm ergangen sei.

»Schlecht. Der Schammes (Synagogendiener) sagte mir, meine Leistung wäre miserabel gewesen.«

»Ach, warum mißt du der Meinung des Schammes eine solche Bedeutung bei?« versucht die Frau den Mann zu trösten. »Es ist doch bekannt, daß der Schammes nur nachplappert, was die Leute sagen!«

In der Teestube im Flughafen von New York sitzt ein Chinese und trinkt Tee. Jankel Goldberg geht hinein, sieht den Chinesen, stellt sich vor, gibt dem Mann eine schallende Ohrfeige und sagt:

»Das war für Pearl Harbor!«

Der Chinese: »Aber das waren doch die Japaner!«

Goldberg: »Japaner, Chinesen – bei mir sind beide gleich!«

Der Chinese schlägt ihm ins Gesicht:

»Das war für die ›Titanic‹!«

Goldberg: »Aber da war doch ein Eisberg schuld!«

Der Chinese: »Eisberg, Goldberg – bei mir sind beide gleich!«

Jankel spaziert durch Brooklyn, sieht ein Eiscafé, über dem ein Schild steht: »Jews not wanted«. Er geht hinein, um dem antisemitischen Ladenbesitzer seine Meinung zu sagen, und wen sieht er? Moische Bernstein!

»Was ist mit dir?« fragt er. »Wieso darf ein Jude deinen Laden nicht betreten?«

Darauf Moische, ganz leise: »Hast du meine Eiscreme gekostet?!«

Der zehnjährige Motel, ein aufgeweckter jüdischer Junge, möchte einmal am katholischen Unterricht teilnehmen. Er setzt sich in eine der Hinterbänke und hört zu.

Der Pfarrer: »Kinder, ich werde heute eine Frage stellen, und wer die richtige Antwort gibt, bekommt fünf Dollar: Wer war der bedeutendste Mann in der Weltgeschichte?«

Ein Junge: »Napoleon!«

»Nein, er war groß, aber nicht der größte.«

Ein zweiter Junge: »Julius Cäsar!«

»Auch nicht!«

Ein dritter Junge: »George Washington!«

»Auch nicht!«

Da steht Motel auf und sagt: »Jesus Christus!«

»Das war die richtige Antwort«, sagt der Pfarrer, »und du bekommst die fünf Dollar. Aber – du bist doch ein jüdischer Junge, warum hast du nicht ›Moses‹ gesagt?«

Motel: »Ich werde es Ihnen sagen, Herr Pfarrer: Moses ist Moses, aber business is business!«

Zwei New Yorker Juden gehen durch eine Gegend, die nicht den besten Namen hat, als ihnen zwei Riesenkerle entgegenkommen.

»Laß uns schnell von hier verschwinden«, sagt der eine Jude zum anderen, »die sind zu zweit und wir sind alleine!«

Ein jüdisches Restaurant in Brooklyn. Ein israelischer Tourist geht hinein, und ein chinesischer Kellner empfängt ihn mit einem echt jiddischen »Scholem alejchem. – Wos willt Ihr essen? Efscher (vielleicht) Tcholent, oder Gefilte Fisch, oder a Katschke (Ente)?«

Der erstaunte Israeli fragt den Chef: »Wie kommt der Chinese zu einem solch perfekten Jiddisch?«

»Um Gottes willen, verraten Sie mich nicht: Er glaubt nämlich, das sei Englisch!«

Ein assimilierter amerikanischer Jude ist ganz verzweifelt: Seine Frau ist seit zwei Tagen in der Entbindungsklinik, doch von Geburt keine Spur. Er sucht den Rabbi auf, und dieser rät ihm, zehn fromme Juden in seine Wohnung zu holen, die dort Tehillim (Psalmen) rezitieren sollen, damit der Allmächtige sich der armen Frau erbarme und die Geburt beschleunige.

Er folgt dem Rat des Rabbi, und tatsächlich: Kaum haben die zehn Juden eine Stunde lang Tehillim rezitiert, teilt ihm die Schwester in der Entbindungsstation freudig mit, seine Frau habe ein Mädchen geboren. Zwei Minuten später kommt die Schwester wieder heraus und sagt:

»Es ist nicht ein Mädchen, sondern zwei!«

Der junge Mann läuft zum Telefon und ruft zu Hause an: »Stop Tehillim!«

Auf dem Broadway sieht der Pfarrer der dortigen schottischen Kirche ein großes Firmenschild »Goldberg and Mac Kintosh«. Er geht hinein und wird von einem Mann mit Bart und Käppchen begrüßt.

»Es freut mich«, sagt der Pfarrer, »daß einer aus Ihrem Volke und einer aus meinem Volke Geschäftspartner geworden sind! Das ist eine angenehme Überraschung!«

»Ich habe für Sie eine noch größere Überraschung«, sagt der Mann mit dem Bart und dem Käppchen, »ich bin nämlich Mac Kintosh!«

Die 500.000 in den USA lebenden Israelis haben den amerikanischen Kongreß ersucht, ihnen eine eigene kleine Landfläche zu gewähren und diese als unabhängigen Staat anzuerkennen.

Dem Gesuch wurde stattgegeben, der kleine Staat ist im Prinzip gewährt, nur die amerikanischen Israelis haben noch keinen gefunden, der bereit wäre, als Botschafter dieses Staates in Jerusalem zu dienen ...

Eine ältere jüdische Frau steigt im New Yorker Flughafen in eine El Al-Maschine nach Tel Aviv und hält in der Hand einen kleinen Korb, in dem ein Hund liegt.

»Ich möchte diesen Korb während des Fluges auf meinem Schoß halten.«

»Ist leider nicht erlaubt.«

»Ich möchte den Hund bei mir haben!« Die Dame weint.

Der Steward versichert ihr, daß der Hund in der Gepäckabteilung einen eigenen Platz erhalten wird, sie könne unbesorgt sein.

Die Dame gibt nach und übergibt den Korb dem Steward. Als das Flugzeug im Ben Gurion-Airport landet und der Steward den Korb aus dem Cargo herausnimmt, stellt er mit Entsetzen fest, daß der Hund tot ist. Wie kann er dies der Dame mitteilen! Er ruft einen Kollegen:

»Schau, dies ist ein hellbrauner Cockerspaniel. Fahr nach Tel Aviv und finde einen ähnlichen Cockerspaniel. Die Dame wird den Unterschied nicht merken!«

Der Dame erzählt er, daß die Einfuhr eines Hundes verschiedene Inspektionen verlange, und es werde etwas dauern. Endlich trifft der Kollege aus Tel Aviv mit dem Hund ein, und der Steward übergibt der Dame den Korb: »Hier ist Ihr Hund.«

Die Frau wirft einen Blick auf den Hund und schreit:

»Das ist nicht mein Hund!«

»Doch, es ist Ihr Hund!«

»Es ist nicht mein Hund!«

»Wieso sind Sie sicher, daß es nicht Ihr Hund ist?«

»Weil mein Hund tot war. Ich wollte ihn im Heiligen Land beerdigen!«

Berl und Schmerl haben jeder einen Friseurladen in derselben Straße eröffnet und sind bemüht, sich gegenseitig die Kunden abzuwerben.

Da hängt Berl in sein Schaufenster ein großes Schild: »Haarschnitt nur 8 Dollar!« Am nächsten Tag hängt Schmerl ein Schild in sein Schaufenster: »Haarschnitt nur 6 Dollar!« Am folgenden Morgen fügt Berl seinem Schild einen Zusatz an: »Für 2 Dollar versorgen wir die Wunden, die die Konkurrenz ihren Kunden beim Haarschneiden zugefügt hat.«

In einer belebten Straße in Manhattan eröffnet ein irisch-stämmiger Amerikaner ein neues Restaurant mit dem Schild »Das beste Restaurant in ganz Manhattan«.

Einige Tage später eröffnet ein zweiter irisch-stämmiger Amerikaner zwei Läden weiter ein neues Restaurant mit dem Schild »Das beste Restaurant in dieser Straße«.

Ein amerikanischer Jude mietet den leeren Laden, der zwischen den beiden Restaurants liegt, richtet ihn auch als Restaurant ein und hängt ein Schild auf: »Eingang hier«.

Der Vorstand einer neuen Reformsynagoge in Brooklyn verschickt seinen Mitgliedern folgendes Rundschreiben:

»Damit wir Ihnen einen Sitz in der Nachbarschaft von Mitgliedern einräumen, die die gleichen Interessen wie Sie haben, bitten wir Sie, die entsprechenden Zeilen anzukreuzen:

Während der Gottesdienste ziehen Sie vor, neben Mitgliedern zu sitzen, die:

– sich über den Börsenmarkt unterhalten,
– die aktuellen Sportnachrichten kommentieren,
– gesellschaftliches Geplauder pflegen,
– ruhig sitzen und beten.«

Eine riesenhafte Buick-Limousine bleibt am Eingang der Synagoge stehen, ein imposanter Mann, der eine dicke Zigarre im Mund hat, steigt aus und fragt nach dem Rabbiner. Die zwei begeben sich in das Rabbinatsbüro und schließen die Tür von innen. Der Schammes (Synagogendiener) lauscht am Schlüsselloch und kriegt nur Bruchstücke des Gesprächs mit:

Der Gast: »Ich gebe 100.000 Dollar für die Synagoge!«

Der Rabbiner: »Nein!«

Der Gast: »200.000!«

Der Rabbiner: »Nein!«

Der Gast: »500.000!«

Der Rabbiner: »Kommt nicht in Frage!«

Nachdem der enttäuschte Gast gegangen ist, fragt der Schammes den Rabbiner, warum er eine solch großzügige Spende für die Synagoge, die das Geld gut gebrauchen könnte, abgelehnt habe.

»Weißt du überhaupt, was er als Gegenleistung von uns wollte?« schreit der erregte Rabbiner. »Daß alle unsere Beter an allen Gebeten der Hohen Feiertage statt ›Amen‹ ›Coca Cola‹ sagen sollten!«

Zwei amerikanische Soldaten, Motel und Schimschon, landen in Korea. Es ist gerade Feuerpause, und sie wollen die Gelegenheit nutzen, um einen Ausflug nach Hanoi zu machen. Sie beschließen, daß der erste, der am nächsten Morgen aufwacht, den anderen wecken soll.

Motel öffnet die Augen und sieht, daß es heller Tag ist. Er weckt seinen Kameraden mit den jiddischen Worten: »Schimschojn, kimm schojn, die Sin scheint schojn (Samson, komm schon, die Sonne scheint schon)!«

Der Feldwebel, der das gehört hat, ist vollkommen verblüfft:

»Schaut euch diese Juden an! Kaum sind sie in Korea gelandet, sprechen die bereits koreanisch!«

In einem Zirkus in New York beeindruckt »Herkules, der bärenstarke Mann«, mit seinen Bravourleistungen: Er hebt Hunderte von Pfunden, schlägt mit seiner Faust durch eine dicke Mauer, und zum Schluß nimmt er eine Zitrone und drückt sie mit einem Händedruck aus, so daß kein einziger Tropfen übrig bleibt.

Der Zirkusdirektor kommt auf die Bühne und sagt:

»Ich werde jedem Zuschauer 200 Dollar zahlen, der es schafft, aus dieser ausgedrückten Zitrone auch nur einen Tropfen Saft auszuquetschen!«

Zwei starke Männer melden sich. Jeder von ihnen versucht, der Zitrone einen Tropfen abzugewinnen, vergeblich.

»Möchte noch jemand einen Versuch machen?«

Ein unscheinbarer kleiner Jude tritt hervor. Das Publikum grinst. Der kleine Mann nimmt die Zitrone, drückt und siehe – o Wunder: Es sind keine Tropfen, sondern ein regelrechter Saftfluß kommt aus der Zitrone.

Der Direktor staunt, gibt dem Mann die versprochenen 200 Dollar und fragt:

»Können Sie mir verraten, wer Sie sind und womit Sie sich beschäftigen?«

»Ich bin Geldeintreiber für den United Jewish Appeal« (Vereinigte Jüdische Geldsammlung).

Der Vertreter einer bekannten jüdischen wohltätigen Institution sucht den steinreichen Max Bernstein auf und bittet ihn um eine Spende. Der für seinen Geiz bekannte Industrielle sagt:

»Ich bin bereit, eine größere Summe zu spenden unter der Bedingung, daß die Spende anonym bleibt.«

»Ich garantiere Ihnen, daß niemand davon erfahren wird!« sagt der Besucher.

Mister Bernstein zieht seinen Geldbeutel und gibt dem Vertreter einen Scheck über 500 Dollar.

Der Vertreter bedankt sich, merkt jedoch dann, daß der Scheck nicht unterzeichnet ist.

»Sie haben vergessen zu unterschreiben.«

Mister Bernstein darauf: »Ich habe Ihnen doch gesagt, die Spende soll anonym bleiben!«

Eine Gruppe amerikanisch-jüdischer Touristen, die zu einer Safari im afrikanischen Dschungel angereist ist, wird von einem Stamm Kannibalen gefangen genommen. Die Gefangenen werden gefesselt, und der Küchenchef des Dorfes wird geholt, um sie zu begutachten und zu beschließen, wie sie am schmackhaftesten zubereitet werden sollen. Der Koch kommt und sieht, daß einer der Gefangenen einen großen Davidstern trägt.

»Was?« sagt zu ihm der Koch in fabelhaftem Jiddisch, »du bist Jude?«

»Wir sind alle Juden. Und du? Woher kannst du derart perfekt Jiddisch?«

»Das war so«, sagt der Koch. »Eines Tages hat sich ein Tourist im Dschungel verirrt, und wir haben ihn aufgenommen. Er hat uns schöne Geschichten aus der Bibel erzählt und hat uns allmählich zum Judentum bekehrt und uns Jiddisch und die jüdischen Speisegesetze beigebracht.«

Der Koch gibt sofort den Befehl, die Gefangenen von ihren Fesseln zu befreien: »Sie sind unsere Glaubensgenossen!«

Am Abend findet eine Party zu Ehren der Gäste statt, bei der ein junger maskierter Neger, mit Tierhäuten und Federn bekleidet und eine Lanze schwingend, ekstatische Tänze vorführt. Seine pechschwarze Mutter wendet sich an den Touristen mit dem Davidstern und sagt stolz: »Sie sehen ihn? Es ist mein Sohn, ein Doktor!« –

Jack Mason, der berühmte jüdisch-amerikanische Entertainer, sagt: »In diesem Land kämpfen die Juden nicht, sie sind jedoch stets zum Kampf bereit. Jeder Jude, den ich kenne, hat fast einen Menschen umgebracht. Sie sagen alle: ›Hätte der Mann noch ein einziges Wort gesagt, hätte ich ihn auf der Stelle umgebracht!‹ Welches Wort? Niemand weiß es!«

Bei der alljährlichen Tagung der amerikanischen Rabbinerkonferenz macht der Vorsitzende folgende Mitteilung:

»Es folgt eine Diskussion über die Probleme, die die Rabbiner mit den Vorständen ihrer Gemeinden haben. Alle Rabbiner, die keine Probleme mit ihren Vorständen haben, treffen sich in einer halben Stunde in der zweiten Etage in der Telefonzelle!«

7. Humor in Israel

Eine unerschöpfliche Quelle von israelischen Witzen bildet die Bürokratie des jungen Staates. Zwar kursieren in jedem Land auf dieser Welt Witze über die Beamten, doch die israelischen Witze sind die bissigsten, wie die folgende Auswahl beweist:

Eine Schnecke kriecht mühsam auf der Autobahn Tel Aviv–Jerusalem. Ein Autofahrer hat mit dem Tierchen Mitleid, geht zur Schnecke und sagt zu ihr: »Warum plagst du dich? Ich habe einen Vorschlag: Ich packe dich in einen Umschlag und schicke dich mit der Post nach Jerusalem!«

»Bedaure«, sagt die Schnecke, »es ist sehr nett von dir, aber ich habe es eilig!« –

Jeder Israeli, der ins Ausland reiste, mußte bis vor kurzem eine Ausfuhrsteuer in Höhe von 150 Dollar zahlen. Ein Israeli, der mit Frau und vier Kindern im August nach Spanien reisen will und 5 mal 150 Dollar zahlen muß, ist verständlicherweise auf den Finanzminister sauer, zumal er noch in der langen Reihe stehen muß, die sich an jenem Schalter in der Bank gebildet hat, wo man die Ausfuhrsteuer zu zahlen hat. Nach einer Viertelstunde verläßt er die Schlange am Schalter mit den Worten:

»Ich gehe ins Finanzministerium, um den Finanzminister zu erschlagen!«

Eine Stunde später kehrt er zurück. Die Schlange am Schalter ist noch immer lang. Auf die Frage, warum er zurückgekommen sei, sagt er: »Die Schlange dort ist noch länger als die hier!«

Der Direktor einer israelischen Regierungsbehörde inspiziert deren verschiedene Abteilungen. Es ist Januar, und in einem der Büros sitzt ein Beamter beim breit geöffneten Fenster.

»Befürchten Sie nicht, daß Sie sich eine Erkältung holen könnten?« fragt er den Beamten.

»Absolut nicht. Ich bin es ja gewohnt, bei offenem Fenster zu schlafen.«

Jossele speist seit zehn Jahren täglich im selben Restaurant in Tel Aviv und beginnt sein Mittagessen jeweils mit einer Kartoffelsuppe. Eines Tages, nachdem der Kellner ihm die Suppe auf den Tisch gestellt hat, sagt er zum Kellner:

»Ich möchte, daß Sie diese Suppe kosten!«

»Warum? Ich garantiere Ihnen, es ist die gleiche Suppe, die ich Ihnen jeden Tag serviere!«

»Ich möchte trotzdem, daß Sie die Suppe kosten!«

»Wenn Sie die Suppe nicht wollen, bringe ich Ihnen gerne eine andere Suppe!«

»Ich will keine andere Suppe. Ich will nur, daß Sie diese Suppe kosten!«

»Gut, wenn Sie das unbedingt wollen! Wo ist der Löffel!«

»Aha!«

Die ersten zionistischen Pioniere, die in den 20er Jahren nach Palästina einwanderten und die Grundlage für das heutige Israel schufen, kamen vorwiegend aus dem zaristischen Rußland und brachten mehrere russische Bräuche mit, wie das Teetrinken. An diesem Brauch hält man mit fast religiösem Eifer in allen Regierungsbüros fest, wie es die folgende Anekdote beweist:

Zwei Löwen brechen aus dem Tel Aviver Zoo aus und werden erst nach zwei Wochen intensiver Jagd endlich eingefangen. Der eine war erschreckend abgemagert, der andere hingegen wohlgenährt. Auf die Frage seines Kollegen, wieso er derart abgemagert sei, erzählt dieser, er habe in der Negev-Wüste Zuflucht vor seinen Häschern gesucht, und dort habe es nichts zu fressen gegeben. »Und wo warst du, der du so gut aussiehst?«

»Ich bin auf eine geniale Idee gekommen: Ich habe mich im Regierungsviertel ›Hakirjah‹ aufgehalten, habe jeden Tag einen Beamten gefressen, und niemand hat es gemerkt!«

»Und wieso hat man dich doch geschnappt?«

»Da hab ich einen unverzeihlichen Fehler gemacht: Ich hab' den Mann gefressen, der den Tee in den Büros austeilt!« –

Ein Beamter des israelischen Landwirtschaftsministeriums besucht einen arabischen Bauern in Galiläa, um ihm bei der Rationalisierung seines Hofes zu helfen.

»Wieviel Milch geben deine Kühe, Muhammed?«

»8 bis 10 Liter pro Tag.«

»So kann man heutzutage keinen Hof führen! Du mußt dir holländische Kühe anschaffen, die geben 15 bis 20 Liter pro Tag!«

»Das gibt es nicht!« sagt Muhammed.

»Doch, ich werde es dir beweisen: ich bringe dir eine holländische Kuh aus einem unserer Kibbuzim, lasse sie zwei Wochen bei dir, und du wirst dich überzeugen, daß ich recht habe!«

Der Beamte holt aus dem Kibbuz Ejn Harod die Aviva (in den Kibbuzim hat jede Kuh einen Namen) und stellt sie bei Muhammed hin. Zwei Wochen später fragt er Muhammed:

»Na, wer hat recht?«

»Ich hab' recht!« sagt Muhammed, »deine Kuh gibt auch nicht mehr Milch als meine – 8 bis 10 Liter pro Tag!«

»Das gibt es nicht!« sagt der Beamte, rennt in den Stall und faucht die Aviva an: »Aviva, was ist mit dir los? In Ejn Harod pflegst du doch 20 Liter Milch täglich zu geben!«

»Wie kannst du es vergleichen?« sagt die Aviva, »dort war ich ein Mitglied der Kommune, hier bin ich ein Regierungsbeamter!«

Eine israelische Rätselfrage: Was ist es – vier in einem Zimmer, drei arbeiten nicht, einer arbeitet?

Die Antwort: Drei Regierungsbeamte und ein Ventilator! –

Es ist 1949. Der junge Staat Israel, der kaum den Unabhängigkeitskrieg hinter sich hat und bereits mit einer Masseneinwanderung von Juden aus den arabischen Ländern konfrontiert wird, befindet sich in einer schweren finanziellen Not. Der Finanzminister Kaplan berichtet David Ben Gurion über die Lage, und dieser sagt:

»Du bist doch ein kluger Kopf, hast du vielleicht eine Idee, wie man aus dieser Misere herauskommt?«

»Ich habe in der Tat eine glänzende Idee: Wir machen es den Deutschen nach, erklären Amerika den Krieg, Amerika besiegt uns und sorgt für unseren Unterhalt!«

Darauf Ben Gurion: »Eine geniale Idee! Aber was machen wir, wenn wir Amerika besiegen? Woher nehmen wir das Geld, um 200 Millionen Amerikaner zu versorgen?«

Man schreibt das Jahr 1965. Levi Eschkol ist Finanzminister bei dem unverwüstlichen Ben Gurion und klagt ebenfalls über die schlechte wirtschaftliche Lage der Nation.

Ben Gurion: »Du bist doch ein galizischer Jude, hast du keine Idee, wie man aus dem Schlamassel herausfindet?«

Eschkol: »Ich habe einen Vorschlag, weiß jedoch nicht, wie du dazu stehst!«

Ben Gurion: »Und der wäre?«

Eschkol: »Wer sagt, wir müssen eine Republik sein? Wir machen aus Israel eine Monarchie, setzen einen König ein, mit einem königlichen Hof. Stell dir vor: ein jüdischer König nach zweitausend Jahren! Aus der ganzen Welt werden Touristen strömen, um den jüdischen König zu bewundern! Die Konjunktur wird ansteigen, das Land wird aufblühen!«

Ben Gurion: »Keine schlechte Idee, aber wer soll König werden?«

Eschkol: »Du, Ben Gurion, natürlich!«

Ben Gurion: »Ich soll David der Zweite sein? Niemals!«

Levi Eschkol reist nach Washington, um über ein Darlehen von den USA zu verhandeln. Er fragt den amerikanischen Finanzminister, wieviel ein amerikanischer Arbeitnehmer im Durchschnitt verdient.

»Etwa 2000 Dollar im Monat«, lautet die Antwort.

»Und wieviel braucht er, um anständig zu leben?«

»Etwa 1200 Dollar.«

»Und was macht er mit den restlichen 800 Dollar?«

Der amerikanische Finanzminister etwas pikiert:

»Was interessiert uns, was er mit seinem Geld macht? Wir sind schließlich eine Demokratie! Und was verdient ein israelischer Arbeitnehmer im Durchschnitt?« will der amerikanische Kollege wissen.

Eschkol: »Etwa 1000 israelische Lira.«

»Und wieviel braucht er zum Leben?«

»Etwa 2000 Lira.«

»Und woher nimmt er die restlichen 1000 Lira?«

Eschkol, etwas pikiert: »Was interessiert uns, wo er das Geld hernimmt? Wir sind doch schließlich auch eine Demokratie!«

Ein neugeborenes Baby wurde von seiner Mutter am Eingang eines israelischen Ministeriums ausgesetzt. Der herbeigeholte Polizeikommissar sagt zum Generaldirektor des Ministeriums:

»Ich gehe davon aus, daß einer Ihrer Beamten der

Vater dieses Babys ist, denn ansonsten hätte die Mutter es nicht ausgerechnet hier ausgesetzt!«

»Da kann ich meine Hand ins Feuer legen, daß es keiner von meinen Beamten gewesen ist!« sagt der Generaldirektor. »Es hat noch keiner von meinen Beamten mit Lust und Liebe etwas geschafft, was Hand und Fuß hat, und dies in nur neun Monaten!«

1946. Jerusalem ist von der Arabischen Legion belagert. Wasser und Nahrung werden knapp. Die Stimmung in der Bevölkerung ist gedrückt, bis auf Moische, den Gemüseladenbesitzer, der stets einen Bonmot hat, mit dem er die Leute erheitert.

»Sorgt euch nicht«, sagt er, »alles wird gut, man wird uns retten!«

»Wir sind am Verhungern und Verdursten, wer wird uns retten?«

»Und wenn schon! Entweder wir werden auf natürliche Weise gerettet oder durch ein Wunder!«

»Welche ist die natürliche?«

»Die natürliche ist, daß Gott uns zur Hilfe kommen wird, wie er es immer getan hat.«

»Und das Wunder?«

»Das Wunder wird sein, wenn es unseren Truppen gelingen wird, den Belagerungsring zu durchbrechen!«

Man schreibt das Jahr 1960. Ein kommunistischer Geheimagent wird von der KGB nach Israel geschickt, um dort Spionage zu treiben. Er soll dort mit einem israelischen Kommunisten namens Rabinowitz Kontakt aufnehmen, der in Tel Aviv auf der Dizengoff-Straße 123 wohnt. Die Parole, mit der er sich zu erkennen geben soll, lautet: »In Korea scheint die Sonne.«

Er findet das Haus, stellt jedoch zu seinem Unbehagen fest, daß im selben Haus nicht weniger als vier Familien mit dem Namen Rabinowitz wohnen! Er versucht sein Glück bei dem ersten Rabinowitz im Parterre, und auf sein Klingeln erscheint ein Mann, der fragt:

»Was wünschen Sie?«

»In Korea scheint die Sonne!«

»Ach so, Sie suchen Rabinowitz, den Spion? Dritter Stock rechts!«

Die Sozialdemokratische Arbeiterpartei Israels »Mapai« war 30 Jahre die unumstrittene Regierungspartei, die die wichtigsten Ministerien innehatte. Und obwohl sie stets mit einigen Kleinparteien koalieren mußte, weil sie nie die absolute Stimmenmehrheit bekam, beherrschte sie praktisch die politische Szene im neuen Staat. Viele nahmen ihr die Selbstherrlichkeit übel, die sie an den Tag legte, wie es die folgende Anekdote illustriert:

Tel Aviv. Der israelische Angestellte im amerikanischen Konsulat sieht mit Erstaunen einen Mann in der Reihe der Antragssteller auf Auswanderung in die USA, den er als einen eingefleischten Zionisten und einen Mann der ersten Stunde kennt.

»Chaim, was machst du hier?«

»Ich möchte nach Amerika auswandern.«

»Das ist doch nicht dein Ernst! Du, ein Mann der ersten Stunde, willst Israel verlassen? Was ist in dich gefahren?«

»Ich werde es dir erklären: Das Volk ist mit der herrschenden Mapai-Partei unzufrieden. In Kürze wird eine oppositionelle Partei – entweder die rechtsgerichtete Cherut oder die Kommunistische Partei – die Macht an sich reißen. So oder so. Für uns altgediente Mapai-Genossen wird dies das Ende unserer Macht sein. Da gehe ich lieber ins Ausland, bevor das Debakel beginnt.«

»Aber Chaim, du irrst dich gewaltig! Die Mapai hat das Ruder fest in ihrer Hand und wird noch Jahrzehnte Israel regieren!«

»Siehst du. Dies ist der wahre Grund, warum ich von hier weggehen will!«

Rolf Pauls, der erste Botschafter der Bundesrepublik Deutschland in Israel, übergibt sein Beglaubigungsschreiben dem israelischen Staatspräsidenten und äußert seinen Wunsch, auf das Grab des Unbekannten Soldaten einen Blumenkranz zu legen.

Der Protokollchef des Auswärtigen Amts ist in Verlegenheit: In Israel gibt es ein solches Grab nicht! Er faßt sich jedoch schnell und sagt zum Botschafter:

»Kommen Sie, ich bring Sie hin!« Er fährt mit ihm zum Tel Aviver Friedhof und führt ihn dort zu einem imposanten Grabmal, das für einen großen Industriellen errichtet worden war, und sagt: »Hier ist das Grab!«

Der Botschafter legt den Kranz hin, salutiert und bittet seinen Begleiter, ihm die hebräische Inschrift zu übersetzen. Der Protokollchef hat keine Wahl und übersetzt getreu: »Hier ruht der Industrielle Sowieso.«

Darauf der Botschafter: »Aber Sie sagten, es sei das Grab des Unbekannten Soldaten!«

»Ist es auch: Als Industrieller war der Mann sehr bekannt, als Soldat völlig unbekannt!« –

Willi Brandt ist zu Gast bei dem Oberbürgermeister von Tel Aviv. Schlomo Lahat zeigt ihm persönlich die Sehenswürdigkeiten seiner Stadt, darunter den berühmten, von einem amerikanisch-jüdischen Millionär gespendeten Konzertsaal.

»Ich finde es sehr schön, daß Tel Aviv dieses Gebäude dem großen deutschen Schriftsteller Thomas Mann gewidmet hat«, sagt Willy Brandt. Darauf Lahat:

»Ich muß Sie enttäuschen, Herr Brandt, aber es trägt nicht den Namen Thomas Manns, sondern Frederic Manns!«

»Was hat dieser Mann denn geschrieben?«

»A großen Scheck!«

Der Bürgermeister einer israelischen Stadt spaziert mit seiner Frau an einem Gerüst vorbei, auf dem ein Baumeister steht, der des Bürgermeisters Frau beim Vornamen nennt und sie herzlich begrüßt.

»Dieser Mann scheint dich gut zu kennen. Wer ist er?«

»Er war in meiner Klasse im Gymnasium und hat mir sogar damals einen Heiratsantrag gemacht.«

»Zu deinem Glück hast du nicht ihn, sondern mich geheiratet, ansonsten wärest du heute nicht die Frau eines Bürgermeisters, sondern eines Baumeisters!«

»Da irrst du dich: Hätte ich ihn damals geheiratet, dann wäre er heute der Bürgermeister!«

Dr. Mosche Sneh war einer der prominentesten Figuren der »Haganah«, der Verteidigungsorganisation der jüdischen Siedlungen im damaligen Palästina. Doch dann schloß er sich der winzig kleinen israelischen Kommunistischen Partei an und vertrat diese in der Knesset.

Eines Tages, als eine wichtige politische Debatte sich dem Ende näherte und alle Abgeordneten sich in den Plenarsaal begaben, um bei der Abstimmung präsent zu sein, sah ein Parlamentarier der Regierungspartei Mapai Dr. Sneh am Büffet der Knesset gelassen ein Glas Orangensaft nippend.

»Was tun Sie hier? Es wird doch gleich abgestimmt?«

»Im Gegensatz zu Ihnen bin ich vollkommen ruhig. Niemand bedroht meine Minderheit.«

Ein altgedienter Parteigenosse drängt Mosche Schapira, den Präsidenten der National-Religiösen Partei und dreifachen Minister – des Innern, der Gesundheit und des Kultus –, ihm einen Posten in einem der drei ihm anvertrauten Ministerien zu geben.

Schapira: »Du hast Glück: gerade ist die Stelle des Direktors der Abteilung für Kommunale Administration im Ministerium des Innern frei geworden. Du kannst sie haben!«

Der Parteigenosse: »Aber ich hab' doch keine blasse Ahnung von kommunaler Administration! Hast du nicht was anderes?«

Schapira: »Ja, ich könnte dir den Posten des Direktors der Abteilung für Epidemiologie im Gesundheitsministerium anbieten!«

Der Parteigenosse: »Aber was verstehe ich von Epidemiologie? Hast du nicht was anderes?«

Schapira: »Nun gut, du kannst meinetwegen den Posten des Direktors der Drusen- und Maroniten-Abteilung im Kultusministerium haben!«

Der Parteigenosse: »Du machst dich über mich lustig! Was verstehe ich von Drusen und Maroniten? Könntest du mir nicht ein Pöstchen als einfacher Angestellter in einem deiner Ministerien geben?«

Schapira: »Tut mir leid. Um ein einfacher Angestellter zu sein, braucht man Fachkenntnisse!«

Als die amerikanische Armee in Vietnam gegen den Vietcong nicht ankam und die Aussicht auf einen entscheidenden Sieg immer mehr in die Ferne zu rücken schien, wandte sich der amerikanische Präsident Richard Nixon an die israelische Regierung mit der Bitte, ihr den legendären General Mosche Dajan, der kurz davor die ägyptische Armee im Sechs-Tage-Krieg vernichtend geschlagen hatte, zu leihen, damit er dem amerikanischen Generalstab helfe, ein Konzept zu finden, mit dem der Vietnamkrieg gewonnen werden könne.

»Wir sind bereit«, antwortete die israelische Regierung, »ihnen General Dajan zu leihen. Wir wollen jedoch als Gegenleistung zwei amerikanische Generäle.«

»Kein Problem«, war Nixons Antwort, »nennen Sie den Namen der zwei!«

Darauf kam die israelische Antwort: »General Motors und General Electric!«

Im Gegensatz zu Menachem Begin, der als Oppositionsführer täglich in der Knesset, dem israelischen Parlament, präsent war, kam David Ben Gurion in das Abgeordnetenhaus nur, wenn eine wichtige Abstimmung auf der Tagesordnung stand. Dementsprechend wurde ein Autogramm Ben Gurions als eine Rarität in der Autogrammbörse gehandelt, die die Schüler des benachbarten »Rechawiah«-Gymnasiums betrieben – die Knesset war in den ersten Jahren provisorisch im Frumin-Haus in der

Stadtmitte von Jerusalem untergebracht. Da kommt ein Gymnasialschüler zu Begin und bittet um sein Autogramm, was Begin prompt erfüllt. Zehn Minuten später kommt derselbe Schüler und bittet Begin um ein zweites Autogramm, was dieser auch gewährt. Als der Schüler ihn zum dritten Mal um seine Unterschrift ersucht, ist Begin ungehalten:

»Zwei Autogramme von mir reichen dir etwa nicht?«

»Was soll ich tun«, stammelt der Schüler, »wenn ich für zehn ›Begins‹ kaum einen ›Ben Gurion‹ kriege!«

Ben Gurion, dessen Jerusalemer Wohnung sich in Rehaviah befindet, einem Stadtbezirk, der vorwiegend von deutschen Juden bewohnt ist, begrüßt auf der Treppe einen Nachbarn in Hebräisch. Der sagt:

»Verzeihen Sie mir, Herr Ministerpräsident, aber ich kann kein Hebräisch.«

»Wie viele Jahr wohnen Sie bereits in Israel?« fragt Ben Gurion erstaunt.

»Dreißig Jahre, Herr Ministerpräsident.«

»Dreißig Jahre, und Sie schämen sich nicht, daß Sie kein Hebräisch können?«

»Wissen Sie, es ist viel leichter, sich zu schämen, als Hebräisch zu lernen!«

Über Pola Ben Gurion, die Gattin des Staatsgründers und langjährigen israelischen Ministerpräsidenten kursierten zahlreiche Anekdoten. Hier einige davon:

Zipora Scharett, die kultivierte Gattin des israelischen Außenministers, fragt Pola Ben-Gurion, wie ihr »Figaros Hochzeit« gefallen hätte.

Pola: »Ich kann doch nicht bei allen Hochzeiten dabei sein, ich habe Blumen geschickt!« –

Ben Gurion und seine Gattin sind zur Eröffnung der Wintersaison des israelischen Philarmonischen Orchesters eingeladen, kommen jedoch spät in den Saal. Das Orchester spielt bereits.

Pola fragt ihre Nachbarin, was gerade gespielt werde, und als diese antwortet »Die neunte Symphonie von Beethoven«, sagt Pola zu ihrem Mann:

»David, komm nach Hause, wir haben bereits acht Symphonien verpaßt!«

Ein alter Freund des israelischen Ministerpräsidenten wirft ihm vor, er hätte ihn bei der Verteilung der Ministerposten völlig übersehen.

»Du hast recht«, sagt Ben Gurion, »aber jetzt ist es leider zu spät, ich habe nichts mehr zu verteilen.«

Der Freund: »Du könntest ein neues Ministerium errichten, zum Beispiel ein Ministerium für die Kolonien!«

»Aber wir haben gar keine Kolonien!«

»Und wieso haben wir dann ein Ministerium der Finanzen?«

»Jeder kann in Israel ein kleines Vermögen machen!«

»Auf welche Weise?«

»Er braucht nur mit einem großen nach Israel zu kommen!«

Bekanntlich konnte David Ben Gurion den Anführer der Likud-Partei, Menachem Begin, der jahrzehntelang die Opposition zu Ben Gurions Regierung führte, nicht ausstehen und nannte ihn in seinen Reden nie beim Namen.

Als Ben-Gurion seinen dramatischen Rücktritt aus der Regierung ankündigte und sich vom politischen Leben ganz zurückzog, klingelte am nächsten Tag das Telefon in der Wohnung Ben Gurions.

Pola, die Ehefrau, nahm den Hörer ab:

»Wer ist dort?«

»Hier Menachem Begin, kann ich mit dem Ministerpräsidenten sprechen?«

»Aber Herr Begin, Sie wissen doch, daß mein Mann nicht mehr Ministerpräsident ist!«

Zehn Minuten später klingelt das Telefon wieder: »Hier Menachem Begin, ist jetzt der Ministerpräsident zu sprechen?«

»Aber Herr Begin, ich habe Ihnen schon gesagt, daß mein Mann nicht mehr Ministerpräsident ist! Warum rufen Sie wieder an?«

»Weil es so angenehm ist, zu hören, daß Ihr Mann nicht mehr Ministerpräsident ist!«

Ben Gurion ist verstorben. Im Himmel überlegt man, was mit ihm geschehen soll: Als Gründer des Staates Israel hätte er eigentlich Anspruch auf das Paradies; andererseits wird ihm, dem Ungläubigen, die dortige Gesellschaft zu fromm sein. Man beschließt, ihm selber die Wahl zwischen Paradies und Hölle zu überlassen. Er will sich also zunächst beide ansehen. Im Paradies ist es sehr schön, aber er fühlt sich in der Tat unter so vielen Rabbinern nicht wohl. Er läßt sich die Hölle zeigen, und zu seinem Erstaunen ist es dort gar nicht übel: Die Leute sitzen gemütlich bei Tisch und unterhalten sich, und das Essen ist auch nicht schlecht.

»Ich nehme die Hölle!«

Kaum hat Ben Gurion diese Worte gesprochen, da wechselt auf einmal das Szenario, und er wird in eine richtige Hölle geführt mit Feuer und Pech und Schwefel.

»Aber man hat mir doch ganz was anderes gezeigt!« beschwert sich Ben Gurion bei dem Engel, der ihn auf beiden Touren begleitet hat.

»Das stimmt. Aber vorher waren Sie ein Tourist, jetzt sind Sie ein neuer Immigrant!«

Ein frommer Katholik reist nach Israel, um dort die Stätten zu besuchen, die dem Christentum heilig sind. Am See Genezareth angelangt, wird ihm eine Überfahrt mit Motorboot angeboten.

»Wieviel kostet die Fahrt?« fragt er den Verleiher.

»50 Dollar.«

»So viel Geld für eine kurze Überfahrt!«

»Vergessen Sie nicht, daß es sich nicht um einen gewöhnlichen See handelt: Über diesen See ist Jesus zu Fuß gegangen!«

»Kein Wunder, bei den Preisen!«

Ein jüdischer Tourist aus Amerika will zur Klagemauer und sagt zum israelischen Taxifahrer: »Bring me to the Wailing Wall!«

Der Taxifahrer: »Sorry, I don't know what you mean!«

Der Tourist (auf Jiddisch): »Brengt mich dorten, wu die Jden wajnen!« (Bringen Sie mich dorthin, wo die Juden weinen)

»Ach so!« sagt der Fahrer und bringt ihn ins Finanzamt! –

Dr. Aron Barth, der erste Generaldirektor der israelischen Nationalbank, war ein orthodoxer Jude und trug – wie es bei orthodoxen Juden Sitte ist – den ganzen Tag in seinem Büro die Kippa. Auf die Frage des amerikanischen Finanzminsters, ob es unbedingt notwendig sei, das Käppchen ständig zu tragen, antwortete er:

»Was wollen Sie – dies ist die einzige Deckung für die israelische Lira!«

Als der Krieg zwischen dem kommunistischen Nordkorea und dem westlich-orientierten Südkorea ausbrach, waren die politischen Parteien in Israel gespalten: Die linksgerichtete »Mapam« sah sich verpflichtet, eine – wenn auch kleine – Gruppe von Volontären nach Nordkorea zu entsenden, die an der Seite der dortigen Armee kämpfen sollte. Anderseits beschloß die rechtsgerichtete »Cherut-Partei«, eine Freiwilligenbrigade nach Südkorea zu entsenden, um deren Kampf gegen die Kommunisten zu unterstützen. Als beide Parteien den damaligen Finanzminister Pinchas Sapir bestürmten, ihnen Devisen für den Kauf von Flugtickets für ihre Koreafreiwilligen zu gewähren, hatte der Finanzminister eine geniale Idee: »Warum sollen wir unsere knappen Reserven an Devisen ausgeben, um diese zwei Gruppen nach Nord- und Südkorea zu entsenden, wo sie sich einander bekämpfen werden? Sollen die beiden Brigaden ihren Kampf hier in Israel austragen, dann sparen wir beiden Parteien das Geld für die Flugtickets und unserer Regierung die Devisen!«

Die israelische Lira wurde in den 70er Jahren von einer zweistelligen monatlichen Inflationsrate betroffen, die eine Reihe von Anekdoten zur Welt brachte. Hier zwei davon:

Warum ist es heute billiger, in Israel mit dem Taxi als mit dem Bus zu reisen?

Weil man bei dem Bus vor der Fahrt zahlt, im Taxi danach!

Ein amerikanischer Kosmonaut landet auf dem Mars und begegnet dort zu seinem Erstaunen einem Israeli, der im Begriff ist, die israelische blauweiße Fahne zu hissen.

»Aber wie haben Sie es geschafft, so hoch zu kommen?«

»Ganz einfach«, sagt der Israeli. »Ich bin mit den Preisen in Israel hochgeklettert!«

»Und wie wollen Sie jetzt hinunterkommen?«

»Mit der israelischen Lira!«

Ein amerikanischer Jude und ein Israeli begegnen sich in Paris im Café de la Paix und kommen ins Gespräch.

Der Amerikaner: »Kennen Sie die Vereinigten Staaten?«

Der Israeli: »Ich war noch nie dort.«

Der Amerikaner: »Haben Sie je vom Empire State Building gehört?«

Der Israeli: »Natürlich.«

Der Amerikaner: »Mein Vater hat es gebaut! Und haben Sie vom Brooklyn Bridge gehört? Hat auch mein Vater gebaut. Und wer, meinen Sie, hat das Weiße Haus in Washington gebaut? Mein Vater!«

Dem Israeli wird es zu bunt, und er beschließt, dem Amerikaner mit gleicher Münze zu zahlen.

Der Israeli: »Und Sie haben sicherlich vom Toten Meer gehört!«

Der Amerikaner: »Selbstverständlich.«

Der Israeli: »Dann darf ich es Ihnen verraten: Mein Vater hat es umgebracht!« –

In einem Tel Aviver Restaurant ruft ein amerikanischer Tourist den Kellner:

»Sie, schalten Sie sofort die Klimaanlage ein, man erstickt ja hier!«

Der Kellner: »Okay, Sir!«

Einige Minuten später ruft er den Kellner wieder:

»Sie, stellen Sie sofort die Klimaanlage ab, man friert ja hier!«

Der Kellner: »Okay, Sir!«

Es dauert keine fünf Minuten, und der Amerikaner verlangt die Wiedereinschaltung der Klimaanlage:

»Man erstickt doch!«

Ein zweiter Tourist, der Zeuge der Szene ist, sagt zum Kellner:

»Ich bewundere Ihre Geduld: einschalten, ausschalten, einschalten – ich weiß nicht, was der Mann will!«

Der Kellner (beugt sich zum Tourist und flüstert): »Lassen Sie ihn ruhig meckern. Ihnen darf ich es verraten: Wir haben gar keine Klimaanlage!«

Ein amerikanischer Jude wandert nach Israel ein und bestellt am gleichen Tag ein Telefon. Nachdem er drei Wochen von der Post keine Nachricht erhalten hat, geht er zum zuständigen Beamten und fragt nach.

»Wann haben Sie Ihren Antrag eingereicht?«

Der Amerikaner gibt das genaue Datum an.

»Aber das war doch erst vor ein paar Wochen! Es sind sehr viele, die vor Ihnen eingereicht haben!«

»Soll das bedeuten, daß es für mich keine Hoffnung gibt?«

»Gott bewahre! Ein Jude darf niemals sagen ›Es gibt keine Hoffnung‹! Höchstens: ›Es gibt keine Aussicht‹!« –

Ein amerikanischer Tourist ist im Begriff, Israel nach einem zweiwöchigen Aufenthalt zu verlassen. Sein israelischer Cousin begleitet ihn zum Ben Gurion-Flughafen und fragt ihn:

»Sei ehrlich – was denkst du über unser kleines Land?«

Der Tourist: »Es ist sehr schön. Ich habe jedoch eines an euch Israelis auszusetzen: Ihr sprecht fortwährend nur über das Essen, über die Arbeit, über die Wohnungen. Wir hingegen in Amerika sprechen von Kunst, von Literatur, von Kultur!«

Darauf der Israeli nachdenklich: »Jeder spricht eben von dem, was ihm fehlt!«

Ein reicher jüdischer Farmer aus Texas besucht seinen Cousin, der in einem israelischen Kibbuz wohnt. Dieser zeigt ihm den Hühnerstall, die Kühe, den Speisesaal usw. Der Texaner, dessen Farm in Texas das Hundertfache an Areal hat, lächelt süffisant und sagt: »Ich besitze auch eine Farm. Wenn ich frühmorgens meinen Wagen nehme, um meine Farm zu inspizieren, habe ich am Abend die Runde noch nicht geschafft!«

Der Kibbuznik: »Wir hatten auch so einen Wagen, der nicht ging!«

Über der Eingangstür eines Tel Aviver Restaurants hängt ein Schild: »Hier werden alle europäischen Sprachen gesprochen« – und es folgt eine lange Liste: Englisch, Französisch, Deutsch, Italienisch, Spanisch, Russisch, Portugiesisch ...

Ein Tourist geht hinein und spricht den Besitzer auf Englisch an. Dieser gibt ihm durch Händezeichen zu verstehen, daß diese Sprache ihm fremd sei. Der Tourist versucht es mit Französisch, mit Deutsch, mit Spanisch, mit Italienisch, mit Russisch – ohne jeglichen Erfolg. Schließlich findet er einen Passanten, der Englisch kann, und bittet ihn, den Besitzer auf Hebräisch zu fragen, wer denn all die Sprachen spreche, die auf dem Plakat aufgelistet sind.

Der Besitzer: »Die Kunden!«

Ein amerikanisches Touristen-Ehepaar besucht einen Kibbuz in Israel und ist von den hochmodernen Einrichtungen in der Hühnerfarm und den Ställen begeistert. Im Kuhstall fragt die Frau den zuständigen Kibbuznik:

»Wie finden die Kühe, wenn sie von der Weide kommen, jede ihren eigenen Platz im Stall wieder?«

Der Ehemann kommt dem Kibbuznik zuvor und sagt: »Aber liebe Marjorie, hast du nicht bemerkt, daß jeder Platz im Stall den Namen der zu ihm gehörenden Kuh trägt?!«

Nach dem Sechs-Tage-Krieg hatte Israel Hunderttausende von ägyptischen Gefangenen zu versorgen. Als Mosche Dayan, der legendäre Verteidigungsminister, gefragt wurde, ob nicht zu befürchten sei, daß die Israelis an den ägyptischen Gefangenen Rache nähmen, sagte er mit einem Lächeln:

»Die einzige Rache, die unsere Soldaten an ihnen nehmen werden, ist die, daß man den Gefangenen den selben Fraß geben wird, den auch unsere Soldaten in den Militärkantinen essen!«

Ein amerikanischer Tourist steht in der Dizengoff-Straße in Tel Aviv und guckt. Mehrere Passanten sammeln sich um ihn und gucken auch. Eine Viertelstunde später steht dort bereits eine Menge Menschen, und alle gucken.

Ein Polizist sieht den Auflauf, geht hin und fragt, was das soll.

»Wir wissen nicht, fragen Sie den Touristen!«

Er fragt den Touristen, und dieser sagt: »Ich bewundere die zwei Monumente, da gegenüber!«

»Auf der Dizengoff-Straße gibt es keine Monumente!«

»Aber ja, schauen Sie selber hin!«

»Ach die zwei dort, das sind zwei Bauarbeiter!«

»Merkwürdig«, sagt der Tourist. »Ich stehe hier seit einer guten halben Stunde, und die haben sich noch nicht gerührt!«

Ein amerikanischer Jude aus Texas, der gewohnt ist, in Amerika Tausende von Meilen mit seinem Wagen zurückzulegen, besucht Israel. Im Tel Aviver Flughafen wartet auf ihn bereits ein Taxifahrer, der ihm vom Reisebüro zur Verfügung gestellt wurde. Es ist 8 Uhr morgens.

»Wohin fahren wir?« fragt der Texaner den Taxifahrer.

»Ich schlage vor, wir machen eine Rundreise durch ganz Israel!«

Darauf sagt der Texaner: »Und was machen wir am Nachmittag?«

Baron Rothschild aus Paris besucht die Klagemauer in Jerusalem und steckt, wie es jüdische Tradition ist, einen Zettel in eine der Mauerspalten. Auf diesem Zettel hat er die Bitte geschrieben, der Allmächtige möge die große Transaktion, die er vorhat – es geht um eine Milliarde Dollar –, mit Erfolg krönen. Da hört er, wie neben ihm ein armer Jude den Allmächtigen bittet, ihm 100 Schekel – etwa 40 Dollar – zukommen zu lassen, damit er seiner kinderreichen Familie am Sabbat eine anständige Mahlzeit bereiten kann. Da holt der Baron aus seiner Tasche 100 Schekel, gibt sie dem armen Mann und sagt:

»Nimm das Geld und verdirb mir nicht meine Geschäfte!«

Fünf junge Rekruten in der israelischen Armee dürfen nach Hause fahren, um dort den Sabbat zu verbringen – unter der Bedingung, daß sie Sonntag früh um 6 Uhr wieder in der Kaserne eintreffen. Am Sonntag erscheinen sie mit zwei Stunden Verspätung. Der Feldwebel, außer sich vor Wut, faucht den ersten an:

»Was hast du zu deiner Entschuldigung zu sagen?«

»Melde gehorsamst, ich bin in einem Kibbuz zu Hause und kann reiten. Da hab' ich mir gedacht: Statt auf den Bus zu warten, nehme ich mir ein Pferd und reite in die Kaserne. Und was passiert? Das Pferd bricht unterwegs tot zusammen, und ich hab' zwei Stunden warten müssen, bis ein Bus kam und mich herbrachte!«

Der Feldwebel glaubt ihm kein Wort, aber läßt es gelten und fragt den zweiten Rekruten:

»Und was hast du für eine Ausrede?«

»Melde gehorsamst, ich bin ebenfalls aus einem Kibbuz, hab' auch ein Pferd genommen, Pferd zusammengebrochen, tot, hab' zwei Stunden auf den Bus warten müssen!«

Auch der dritte und vierte Rekrut erzählen die gleiche Geschichte. Der Feldwebel, mit seinen Nerven am Ende, brüllt den fünften an:

»Wenn du mir erzählst, du hast auch ein Pferd genommen und das Pferd ist tot zusammengebrochen, dann kannst du dich auf etwas gefaßt machen!«

»Nichts dergleichen«, sagt der fünfte Rekrut. »Ich habe den Bus genommen, aber der konnte nicht fahren, die Straße war voll besät mit Kadavern von toten Pferden!« –

Ein israelischer Oberst der Luftwaffe, der den Auftrag hat, ein neues Kampfflugzeug anzuschaffen, das 50 Millionen Dollar kostet, kommt auf die Idee, tausend reiche Juden in Amerika anzusprechen, von denen jeder 50.000 Dollar für den Kauf des Jetfighters spenden soll. Er erzählt einem Kollegen von seinem genialen Plan.

»Aber das Flugzeug wird niemals vom Boden abheben können«, sagt der Freund.

»Warum?«

»Hast du eine Ahnung, wieviel tausend Widmungsplaketten wiegen?!«

Wozu braucht ein Israeli eine Ehefrau?

Er kann doch nicht die ganze Zeit nur auf die Regierung schimpfen!

Ein 20jähriger Bursche, der aus der ehemaligen Sowjetunion nach Israel emigriert ist und seinen Militärdienst absolvieren muß, kommt zum Rekrutierungsbüro.

»In welcher der drei Waffengattungen möchtest du dienen: Infanterie, Marine oder Luftwaffe?«

»Wenn ich wählen darf, dann in der Marine.«

Der diensthabende Feldwebel nimmt ein Formular und beginnt den Burschen auszufragen: Name, Vorname, Geburtsdatum und -ort, Bildungsniveau usw. Auf die Frage: »Kannst du schwimmen?« reagiert der Bursche gereizt:

»Warum? Habt Ihr denn keine Schiffe?«

Ben Gurion-Flughafen. Eine Gruppe Immigranten aus der ehemaligen Sowjetunion steigt aus der El Al-Maschine, die sie von Moskau nach Tel Aviv geflogen hat, und wird von mehreren Journalisten mit Fragen bestürmt:

»Wie ist die ökonomische Lage im heutigen Rußland?«

»Man kann sich nicht beklagen.«
»Und wie steht es mit Wohnungen?«
»Man kann sich nicht beklagen.«
»Und wie ist es mit dem Antisemitismus?
»Man kann sich nicht beklagen.«
»Wenn es so ist, warum seid Ihr nach Israel ausgewandert?«
»Weil – hier kann man sich beklagen!«

In einem Zugabteil sitzen drei Herren: ein Russe, ein Engländer und ein Israeli. Der Russe nimmt aus seiner Reisetasche eine Dose Kaviar, ißt ein Stückchen auf und wirft die fast volle Dose aus dem Fenster. Seine beiden Nachbarn schauen ihn erstaunt an.

Der Russe: »Ach, bei uns in Rußland haben wir ja soviel Kaviar!«

Der Engländer nimmt aus seiner Reisetasche eine Flasche Whisky heraus, trinkt einen Schluck und ... wirft die fast volle Flasche aus dem Fenster. Die beiden Nachbarn schauen ihn mit Staunen an.

Der Engländer: »Ach, bei uns in England haben wir doch soviel Whisky!«

Der Israeli will nicht zurückstehen: Er nimmt kurzentschlossen den Russen und wirft ihn aus dem Fenster. Der Engländer schaut ihn mit Staunen an.

Der Israeli: »Ach, bei uns in Israel haben wir doch so viele davon!«

Unter den Juden, die aus der ehemaligen Sowjetunion nach Israel auswandern, sind ungewöhnlich viele Musiker. Da landet im Tel Aviver Flughafen ein Flugzeug aus Moskau mit 300 Juden an Bord. 299 tragen unter dem Arm eine Geige, ein einziger steigt ohne Violine aus. Warum? Ganz einfach: Der Mann ist – Pianist! – –

Ein Engel wird vom Himmel beauftragt, zur Erde hinunterzusteigen und über die Lage dort Bericht zu erstatten. Er kehrt ganz verwirrt zurück. Als man ihn fragt, was ihn auf der Erde derart verwirrt habe, sagt er:

»Ich habe dort eine völlig verkehrte Welt vorgefunden: Die Juden sind die besten Soldaten und die Deutschen machen Geschäfte!«

In einem Café in Tel Aviv sitzen drei Herren: ein Architekt, ein Chirurg und ein Politiker und diskutieren, welcher von ihren drei Berufen zuerst ausgeübt wurde.

Der Chirurg: »Klar, daß mein Beruf zuerst kam, denn Gott hat den Adam eingeschläfert und ihm eine Rippe entnommen, also ein chirurgischer Eingriff mit Anästhesie!«

Der Architekt: »Mag stimmen, aber bevor Gott den Adam schuf, formte er aus dem Chaos eine Welt, also eine echte Architektenleistung!«

Darauf der Politiker triumphierend: »Und wer hat das Chaos gemacht?!«

Der israelische Finanzminister begibt sich in die USA, um 500 Millionen Dollar aufzutreiben, die dringend benötigt werden, um Wohnungen für die Masseneinwanderung aus der ehemaligen Sowjetunion zu schaffen. Als er in Brooklyn einen Spaziergang zu Fuß macht, sieht er einen jüdischen Bettler, der um Almosen bittet. Er gibt dem Mann einen Dollar, worauf der Bettler zu ihm sagt:

»Ihr Gesicht kommt mir bekannt vor: Sind Sie nicht der israelische Finanzminister?«

Als dieser die Frage bejaht, sagt der Bettler:

»Von einem Kollegen nehme ich doch keine Almosen an!« – und gibt ihm den Dollar zurück. –

Tel Aviv 1992. Ein Klempner wird in eine Wohnung bestellt, um die Verstopfung im Badezimmer zu beheben. In fünfzehn Minuten hat er die Reparatur beendet und läßt sich 100 Schekel bezahlen. Der Hausherr gibt ihm das Geld, nicht ohne zu bemerken: »Gestern war der Arzt bei meiner Frau, hat eine halbe Stunde verbracht und nicht mehr als 50 Schekel für die Visite verlangt!«

»Als ich Arzt war«, sagt der Klempner, »habe ich auch nicht mehr als 50 Schekel genommen!«

Itzchak Rabin, der israelische Premierminister, ist zu Besuch bei dem amerikanischen Präsidenten Bill Clinton und fragt ihn:

»Herr Präsident, sind alle Bürger der USA mit Ihrer Politik zufrieden?«

»Sie können doch nicht erwarten, daß alle 200 Millionen mit mir zufrieden sein sollen! Es gibt sicherlich 3-4 Millionen, die mit mir unzufrieden sind! Und wie steht es bei Ihnen in Israel, Herr Rabin? Sind etwa alle mit Ihrer Politik zufrieden?«

Darauf Rabin: »Dasselbe wie bei Ihnen, Herr Clinton, 3-4 Millionen sind unzufrieden!«

Israel – ein faszinierendes Land

Israel ist ein faszinierendes Land, das mit keinem anderen auf diesem Erdenrund vergleichbar ist.

Es ist ein Land, in dem die Presse das geheime Protokoll der Regierungssitzung veröffentlicht, noch *bevor* die Sitzung zu Ende gegangen ist.

Es ist ein Land, in dem die Oppositionsparteien die Siedlungen im besetzten Jordanland als ein nationales Unglück anprangern, gleichzeitig jedoch dafür sorgen, daß die ihnen gehörenden Bauunternehmen am Bau dieser Siedlungen maßgeblich beteiligt werden.

Es ist ein Land, in dem der aus dem Orient stammende Teil der Bevölkerung bestimmte Banknoten boykottiert, weil die darauf abgebildeten historischen Figuren *europäische* Juden waren.

Es ist ein Land, in dem eine kleine Partei, die nur über vier Abgeordnete im Parlament verfügt, *vier* Ministerposten in der Regierung erhält, weil diese auf ihre vier Stimmen angewiesen ist, um zu überleben.

Es ist ein Land, in dem eine Parlamentariergruppe aus den Koalitionsparteien, die sich auf einer Dienstreise in Südostasien befindet, am Tag nach ihrem Abflug zurück nach Israel beordert wird, weil die Opposition einen Mißtrauensantrag gestellt hat.

Es ist ein Land, in dem jeder Gefreite bereit ist, jederzeit sein Leben für die Verteidigung des Landes zu geben. Er verlangt jedoch, daß der Generalstabschef ihn um seine Meinung fragt, bevor er eine militärische Aktion unternimmt.